# 세계를 뒤흔든 상호부조론

# 세계를 뒤흔든 상호부조론

초판1쇄 펴냄 2006년 8월 20일
초판3쇄 펴냄 2022년 8월 11일

**지은이** 하승우
**펴낸이** 유재건
**펴낸곳** 그린비
**주소** 서울시 마포구 와우산로 180, 4층
**대표전화** 02-702-2717 | **팩스** 02-703-0272
**홈페이지** www.greenbee.co.kr
**원고투고 및 문의** editor@greenbee.co.kr

**주간** 임유진 | **편집** 홍민기, 신효섭, 구세주, 송예진 | **디자인** 권희원, 이은솔
**마케팅** 유하나, 육소연 | **물류유통** 유재영 | **경영관리** 유수진

ISBN 978-89-7682-961-0 04900

學問思辨行: 배우고 묻고 생각하고 판단하고 행동하고
독자의 학문사변행을 돕는 든든한 가이드 _그린비 출판그룹

**그린비** 철학, 예술, 고전, 인문교양 브랜드
**엑스북스** 책읽기, 글쓰기에 대한 거의 모든 것
**곰세마리** 책으로 통하는 세대공감, 가족이 함께 읽는 책

# 세계를 뒤흔든
# 상호부조론

아나키즘의 과학적 토대를 마련한 고전

하승우 지음

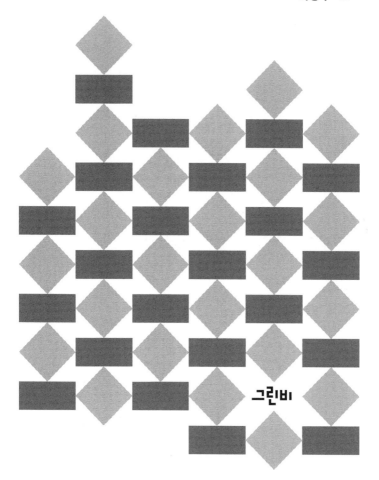

그린비

# 차례

| **일러두기** |

**1** 'Anarchism'은 흔히 '무정부주의'로 번역되는데, 이 표현은 아나키즘을 정부와 개인의 대립으로 좁게 해석하도록 만들고 일상생활 전체를 변화시키자는 아나키즘의 궁극적인 대의를 은폐한다. 따라서 이 책에서는 '아나키즘'으로 음역해 표기했다.

**2** 인명, 지명, 작품명은 국립국어원이 2002년에 발간한 『외래어 표기 용례집』을 따랐다.

**3** 단행본·전집·정기간행물·신문·잡지·팸플릿 등에는 겹낫표(『 』)를, 논문·논설·기고문·단편·미술·영화 등에는 낫표(「 」)를 사용했다.

# 책머리에

아나키즘은 매혹적이다. 아나키즘에는 푸른 초원을 힘차게 질주하는 야생마의 자유로움이 배어 있기 때문이다. 어떤 외부의 압력에도 굴하지 않고 자신이 원하는 대로 살고자 하는 자유로움, 내가 인정하지 않는 것들로부터의 자유로움이. 아나키즘의 어원이 되는 단어인 그리스어 아나르코스(ἄναρχος, anarchos)는 "지도자가 없는", "선장이 없는 배의 선원들"을 뜻했다. 이것은 흔히 생각되듯이 무질서를 의미하지 않는다. 지도자나 선장이 없다는 없음(無)의 실재보다 누구라도 지도자나 선장이 될 수 있다는 있음(有)의 여백이 바로 아나키의 질서이다. 고정된 질서를 억지로 강요하면 곧바로 생명을 잃어버리는 순수한 혼돈, 그것이 곧 아나키즘이다.

그래서 사회가 특정한 삶의 방식을 강요할수록 아나키즘에 대한 동경은 커진다. 최근 한국사회에서 아나키즘에 대한 관심이 조금씩 자라고 있는 것도 마찬가지다. 나날이 규율화되는 사회에서, 깜깜한 어둠에서 약간 벗어났지만 여전히 가야 할 곳을 찾지 못하고 방황하는 사회에서 아나키즘은 그 원초적 자유로움으로 사람들을 매혹하는 것이다.

아나키즘의 역사에는 사람들의 가슴에 자리잡은 수많은 인물들이 있다. 아나키즘이라는 말에서 무질서나 혼란과 같은 부정적인 뉘앙스를 제거하고 "주인이나 주권자가 없음, 우리가 하루하루 다가서고 있는 통치형태"라는 적극적 의미를 부여한 피에르 프루동, 그가 머무는 곳에서는 어김없이 반란이 일어났다는 타고난 선동가 미하일 바쿠닌, 러시아 혁명기에 우크라이나의 대평원을 가로지르며 적군과 백군 모두와 싸워 농민들의 코뮌(공동체)을 건설한 네스토르 마흐노, 타고난 열정과 불을 뿜는 듯한 선동으로 미국에 아나키즘의 씨앗을 심은 엠마 골드만, 아이들에게 일체의 경쟁·강제·모욕·수치를 강요하지 않는 자유교육을 강조한 프란시스코 페레, 일본의 군국주의를 반대하다 처형된 고토쿠 슈스이, 교조와 권위를 거부하며 스스로 완성해 가는 삶의 가치를 강조한 오스기 사카에, 대동사회 건설을 위해 노력한 리스쩡, 평민대혁명과 에스페란토어를 통한 국제연대를 부르짖은 스푸, 아(我)와 비아(非我)의 투쟁으로 독립국가를 넘어 새로운 세상을 건설하려 한 신채호, 앎과 실천의 일치를 신조로 의열단을 이끌던 김원봉, 그리고 알려진 사람들보다 훨씬 더 많은 수의 무명 전사(戰士)들이 제각기 자신의 삶을 통해 아나키즘의 역사를 장식했다.

이들은 국적 없는 사람들의 언어인 에스페란토어로 대화를 나누면서 서로 이해하고 연대했으며, 이들의 말과 행동은 국가나 자본이 그어놓은 국경선을 넘나들며 인간의 대지에 뿌리를 내렸다. 따라서 힘을 가진 자들은 언제나 아나키스트들을 두려워했다. 권력과 자본을 소유한 자들은 국경선이나 공장의 규율로도, 심지어 경찰과 군대의 폭력으로도 가둘 수 없는 이들의 자유로움을 두려워했다.

신념이 곧 말이었고 행동이었던 아나키스트들을 막을 만한 손쉬운 방법은 없었다. 그래서 힘을 가진 자들은 아나키즘이 오해와 비난을 받

'아나키스트 공(公)' 크로포트킨은 다양한 면모를 지닌 인물이었다. 러시아 학계에서는 뛰어난 지리학자이자 동물학자였고, 당대 인민들에게는 19세기를 대표하는 아나키스트였으며, 후대 사람들에게는 '고전적' 아나키즘의 마지막 후계자였다. 그러나 단 한마디로 정의하자면, 크로포트킨은 인류의 진보를 믿은 열정적인 혁명가였다.

도록 말들을 개발했다. '무정부주의'라는 말이 식민지해방운동에 가담한 아나키스트들을 이간질하는 말이었다면, '테러리스트'라는 말은 새로운 세상을 열망하는 아나키스트들을 도덕적으로 비난하고 매장하는 무기였다. 안타깝게도 이 무기는 너무나 훌륭하게 제 몫을 다했다. 오해와 비난을 받으며 아나키즘은 역시에서 점점 사라졌기 때문이다.

그러나 이제부터 살펴볼 아나키즘의 걸작 『상호부조론』은 이런 오해와 비난 속에서 아나키즘을 변호한다. 귀족 작위와 학자의 명예를 버리고, 인민들에 대한 무한한 애정을 횃불 삼아 혁명가의 삶을 불태웠던 표트르 크로포트킨이 쓴 이 책은 치밀하고 완전한 미래의 청사진이 아니다. 오히려 이 책은 인간에 대한 무한한 믿음과 그런 믿음을 품게 된 이유를 담고 있는 책이라고 할 수 있다.

크로포트킨은 이 책을 통해 인간(그리고 동물)이 기나긴 진화과정에서 발전시켜온 것은 이기적인 욕망이 아니라 서로 보살피는 마음이라고 주장했다. 그리고 국가의 억압과 자본의 꼬드김을 받으면서도 서로 보살피는 마음이 완전히 사라지지 않았기에, 무정부가 아니라 코뮌과 연대만이 희망이라고 강조했다. 또한 고귀한 동기를 가진 저항만이 사람들의 가슴에 아나키즘의 씨앗을 심을 수 있다며 분별 없는 테러리즘을 비판했다.

『상호부조론』의 맥이 아직도 이어지고 있는 것은 바로 이 때문일 것이다. 사람들이 자본주의와 사회주의 모두를 반대하며 새로운 대안을 꿈꾸었던 해인 1968년에도 『상호부조론』은 어김없이 다시 등장했고, 미국과 다국적 기업들의 칼날이 전세계를 난도질하고 있는 지금의 현실에서도 『상호부조론』은 이상으로서가 아니라 현실로서 명맥을 이어오고 있다. 처음 출판됐을 때나 지금이나 우리에게 "한 인간이자 생명체로서 당신은 어떤 사회에 살고자 하는가?"라는 물음을 던지면서 말이다.

# 등장배경과 지은이

18세기 말~19세기 초, 이른바 '산업혁명'과 더불어 등장한 자본주의는 애초부터 사회주의라는 부정의 씨앗을 내부에 품고 있었다. 초기 자본주의가 불러온 극심한 빈부격차는 노동자들의 생존 자체를 위협했고, 이런 현실을 벗어나기 위해 노동자들은 단결해야 했기 때문이다. 칼 맑스와 함께 『공산당 선언』(1848)을 작성했던 프리드리히 엥겔스는 『영국 노동계급의 상태』(1845)를 통해 당시 노동자들의 비참한 현실을 생생하게 묘사한 바 있다. "사방천지의 웅덩이마다 쓰레기와 썩은 고기, 역겨운 오물이 엄청나게 쌓여 있다. …… 악취 때문에 숨쉬기도 힘든 이런 환경에서 기껏해야 방이 둘이고, 다락방이나 가끔 지하실이 딸린 축사 같은 곳에서 평균 20명이 살고 있다."

이와 같은 자본주의의 모순을 해결하고 새로운 사회의 지평을 열고자 했던 사회주의는 애초부터 하나의 단일한 이념이라기보다 다양한 사회운동으로 출현했고, 그 내부에 여러 분파가 공존하고 있었다. 아나키즘 역시 이런 사회주의운동으로 출현했다. 그래서인지 아나키즘도 하나의 단일한 이념이라고 부르기 어려울 만큼 다양한 흐름을 내포하고 있다. 그렇다고 해서 아나키즘의 다양한 흐름을 관통하고 있는 일반적 특징을 간추리는 것이 아주 불가능한 것만은 아니다.

### 아나키즘이란 무엇인가?

아나키스트하면 사람들은 주로 테러리스트를 떠올린다. 사실 아나키즘이라는 단어의 이런 연

18~19세기 런던의 경우, 공장 노동자들의 하루 임금은 12.5센트에 불과했다. 그래서인지 돼지 여물통에서 먹을 것을 뒤지는 굶주린 아이들의 모습을 흔하게 볼 수 있었다(12쪽 그림). 1870년 런던을 방문했던 프랑스의 화가 구스타프 도레는 『런던 기행』이라는 화집에서 이렇게 말하기도 했다. "런던은 노인, 고아, 절름발이, 맹인으로 가득 차 있었다. 영국은 가장 좋았던 시절에도 살아남기 위한 투쟁이 극심했다."(위 그림).

상작용은 1789년까지 유래를 거슬러 올라갈 수 있다. 프랑스혁명 당시 정권을 잡은 산악당이 자신들의 정적(에베르파)을 아나키스트라 부르며, 그 말에 무질서나 혼란처럼 부정적인 의미를 부여한 일이 있기 때문이다. 물론 아나키스트 중에는 테러리스트도 있다. 그러나 그것은 아나키즘의 한 단면일 뿐이다.

비록 아나키즘이라는 용어를 직접 쓰지는 않았지만 아나키즘의 기본 토대를 마련한 것은 영국의 작가 윌리엄 고드윈이다. 특히 고드윈을 아나키즘의 선구자로 만든 것은 그의 1793년 저서 『정치적 정의와 그것이 보편적 미덕과 행복에 미치는 영향에 관한 고찰』이다.

1802년 영국의 화가 제임스 노스코트가 그린 고드윈의
초상화. 날카로운 콧매가 인상적이다.

이 책은 『프랑스혁명에 대한 성찰』(1790)을 통해 프랑스혁명을 비판한 에드먼드 버크의 논리를 반박하기 위해 씌어졌다. 버크의 주장에 따르면 프랑스혁명은 굶주린 대중과 폭도들이 유산자들의 재산을 빼앗은 일종의 폭동으로서, 전통적인 공동체의 삶을 무참히 깨버렸기 때문에 실패한 혁명이었다.

이와 달리 고드윈은 자유와 정의의 진정한 적은 버크가 폭도라고 부른 인민들이 아니라 정치제도를 통해 이익을 독차지하는 계급들이며, 더 나아가 타락한 정치야말로 인류의 가장 무서운 적이라고 주장했다. 요컨대 불평등과 폭력이라는 오랜 부조리를 낳은 것은 바로 정치라는 제도 자체라는 것이었다.

고드윈이 유명한 사회계약론자인 존 로크와 장-자크 루소를 비판한 이유도 여기에 있었다. 이들이 말하는 (사회계약을 통한) 입법이란 가난한 사람에게 불리한 것이고, 입법의 정신부터가 비열한 부정이라는 것이었다. 고드윈의 주장에 따르면 "어떤 경우에도 한 인간이 지상의 어떤 다른 인간, 또는 어떤 인간의 무리에 복종할 의무는 없다는 것보다 더 단순한 진리는 있을 수 없다".

그러므로 고드윈은 정의를 실현하려면 인민들이 더 많은 지배권을 확보해야 한다고 주장했다. "정치는 최선의 상태라 하더라도 악이 되기에, 우리는 인간사회의 일반적인 평화가 허락하는 한 그것을 최대한 적게 갖는 것을 주요 목적으로 삼아야 할 것이다."

프랑스혁명이 본격화된 계기인 '테니스코트 서약'(1789년 6월 20일) 장면. 프랑스혁명은 유럽의 지배계급이 인민들을 두려워하게 만들었다. "분노와 광란은 신중함, 숙고, 선견지명으로 1백 년간 건설할 수 있는 것보다 더 많은 것을 단 30분 만에 파괴할 수 있다"(『프랑스혁명에 대한 성찰』)라는 버크의 주장도 이런 두려움의 산물이었다.

　　이처럼 권력 자체를 부정적으로 바라보는 고드윈의 정치관은 경제에서도 평등의 정의가 확립되어야 한다는 주장으로 이어졌다. "모든 공화주의 신념, 모든 신분과 면세의 평등화가 재산의 평등화 쪽으로 강하게 나아가고 있다는 것만큼 단순한 명제를 증명할 필요는 없다."

　　앞에서도 언급했듯이 아나키즘에는 여러 흐름이 존재한다. 국가와 사적소유권 모두를 거부하고 코뮌의 건설을 목표로 하는 아나코-코뮌주의, 노동조합 조직망이 국가를 대체하는 집산주의 사회를 지향하는 아나코-조합주의, 일체의 코뮌과 노동조합을 억압구조로 인식하며 개인의 자율적 행위만을 인정하는 아나코-개인주의, 이론보다 실천으로 아나키즘을 풀어간 '소박한' 아나키즘(이 흐름의 아나키스트들은 자신들에게 어떤 수식어도 붙이지 않는다) 등등. 그러나 이 모든 아나키즘에는 고드윈이 지녔던 신념이, "정부는 그 본성상 인간의 발전을 훼방"하기 마련이므로, 인민들 스스로의 힘으로 권력과 재산의 불평등을 바로잡고 정의를 실현해야 한다는 신념이 공통적으로 흐르고 있다.

## 아나키스트들과 맑스주의자들의 충돌

이렇게 보자면 아나키즘과 사회주의의 입장은 똑같아 보인다. 사회주의도 아나키즘처럼 자본주의 사회의 부조리를 바로잡고 평등한 세상을 만들려 했으며 궁극적으로는 국가의 폐지를 지향했다. 즉, 그 목표로만 보면 차이점이 분명히 드러나지 않는다. 사실 아나키즘이 사회주의운동에서 출현했으니 당연한 일일 것이다. 그러나 그 목표를 실현하기 위한 방법을 보면 차이점이 뚜렷이 드러난다. 그리고 곧 살펴보겠지만 이것은 단순히 방법의 차이점으로만 그치는 것이 아니다. 특히 오늘날 맑스주의라고 알려진 과학적 사회주의(공산주의)의 창시자 맑스/엥겔스와 당대의 유명한 아나키스트들이 벌인 논쟁의 쟁점들을 살펴보면 이 차이는 더욱더 두드러진다.

　　우선 아나키스트들은 역사가 특정한 발전법칙에 따라 실현된다는 생각(역사적 유물론)을 거부했다. 역사가 예정되어 있다는 법칙도 인정하지 않았고, '객관적인' 조건들이 성숙해야 사회가 변한다는 주장도 거부했다. 즉, 이들은 현실을 억지로 공식에 끼워맞추는 프로크루스테스(그리스 신화에 등장하는 노상강도. 행인을 침대에 눕힌 뒤 침대보다 길면 다리를 잘라 죽이고, 침대보다 짧으면 몸을 늘여서 죽였다고 한다)의 침대를 거부했던 것이다. 그래서 바쿠닌은 이렇게 선언했다. "어떤 이론이나 이미 만들어진 체계, 이미 썩어진 책은 세계를 구하지 못한다. 나는 어떤 체계에도 집착하지 않는다. 나는 진정한 탐구자이다."

아나키스트들은 새로운 사회란 미리 마련된 어떤 청사진이 아니라 그런 사회를 추구하는 운동에 참여한 대중의 집단적 활력을 통해 건설되어야 한다고 주장했다. 대중이 지닌 반란의 본능과 파괴적인 충동을 강조했든(바쿠닌), 서로 돕고 보살피는 본능을 강조했든(크로포트킨), 아나키스트들은 과학적인 합리성과 냉철한 이성보다 대중의 본능과 연대에 희망을 걸었던 것이다.

자본가들은 지대(地代), 이윤, 이자 소득에 근거해 노동자들에 대한 지배력을 행사한다. 아나키즘과 사회주의는 이런 자본주의 체제의 극복이라는 목표를 공유했으나 그 목표의 실현을 위한 방법에서는 큰 차이를 보였다.

이렇게 보면 맑스주의가 강조한 조직(당)이나 계급독재를 아나키스트들이 거부한 것도 당연하다. 물론 아나키스트들이 일체의 조직을 부정한 것은 아니다. 아나키스트들도 자기 나름의 조직과 공동체를 구성해 기존 체제와 싸웠다. 따라서 단순히 조직을 갖고 있는가 아닌가로 아나키즘과 맑스주의를 구분할 수는 없다. 오히려 더 중요한 것은 그 조직이 **권위주의를 내포하고 있는가 아닌가**이다. 이 점을 잘 지적한 인물은 프랑스의 아나키스트 세바스티앙 포르이다. 그는 아나키즘을 이렇게 정의했다. "모든 아나키스트는 다른 부류의 사람들과 구분되는 공통점을 갖고 있다. 사회조직에서 권위주의를 부정하고 이를 토대로 설립된 제도의 모든 규제를 증오한다는 것. 따라서 권위를 부정하고 그에 맞서 싸우는 사람이라면, 누구나 아나키스트이다"(『아나키스트 사전』, 1935).

아나키스트들이 보기에 권위주의적 위계구조를 지닌 조직은 규모가 커질수록 아래로부터의 통제가 어려워진다. 따라서 아나키스트들은 (제 아무리 탁월한 지성과 능력을 갖췄더라도) 특정 엘리트 집단이 전체 운동을 이끌어야 한다는 생각을 거부했고, 의사결정이 중앙에 집중되는 조직을 반대했다. 실제로 조직의 대표자들이 인민들의 이름으로 인민들을 지배하는 상황이 얼마나 많았던가? 과거 소련에서처럼, 프롤레타리아 독재라는 미명 아래 국가기구를 강화시켰던 맑스주의는 국가를 폐지하기는커녕 오히려 국가사회주의를 확립하지 않았던가?

아나키즘과 사회주의의 차이점을 뚜렷이 보여주는 목표 실현방법의 차이점이 단순히 방법의 차이점에서 그치지 않는 이유가 바로 여기에 있다. 아나키스트들은 새로운 사회를 만드는 방식이 그 사회의 미래를 결정하게 된다고 믿었다. 즉, 인민들을 배제한 혁명은 그 후에도 여전히 인민들을 배제하리라는 것이다. 기성의 권위를 또 다른 권위에 빗대어 부정하지 말 것, 정치권력을 형성하지 않는 방식으로 사회를 변화시킬 것, 대중이 스스로 결정하고 자율적으로 조절할 수 있는 의사결정 구조를 만들 것, 간단히 말해서 대중의 '직접행동'으로 새로운 사회를 건설할 것. 이것이 바로 아나키스트들의 주장이었다. 대중이 스스로 행동해 건설한 새로운 사회는 대중을 배반하지 않을 테니.

이처럼 아나키스트들은 꾸역꾸역 현실을 살아가는 대중이 스스로 삶을 바꾸기 위해 일어서야 한다고 주장했다. 그래서 아나키스트들은

1929~35년 멕시코의 벽화가 디에고 리베라가 그린 「계급투쟁: 현재와 미래」의 부분도. 사람들은 맑스를 항상 '지도자'의 이미지로 기억했다. 즉, 혁명이라는 배의 진로를 '지시'하는 선장의 이미지로. 이 그림에서도 맑스(맨 위 가운데)는 어딘가를 지시하고 있다. 그러나 아나키스트들은 "선장이 없는 배의 선원들"이기를 원했다.

이데올로기나 선전이 아니라 각자의 삶을 통해 자신의 주장을 전파했다. 그들 자신도 대중이었기 때문이다. 이처럼 아나키스트들이 보여줬던 '실행을 통한 선전'(또는 '삶을 통한 선전')은 동료 대중에게 이데올로기의 주입이 아니라 '공명'(共鳴)을 일으켰고, 합리적이고 이성적인 설득만이 아니라 열정적이고 감정적인 공감을 불러일으켰다.

이런 아나키즘의 특징은 아나키스트들과 맑스주의자들의 대립과 충돌을 불러왔다. 결국 이런 대립과 충돌은 사회주의자들의 국제조직인

근위사관학교 졸업 뒤 동시베리아 총독부관으로 재직 중이던 23세의 크로포트킨.

국제노동자협회(이하 제1인터내셔널)에서 아나키스트들이 제명되거나 탈퇴하는 사태로 이어졌다. 그리고 1917년 러시아혁명 이후에는 볼셰비키가 아나키스트들을 대규모로 잡아들여 추방하거나 처형하는 비극을 불러왔다. 우리는 이 책 곳곳에서 이런 대립과 충돌이 가져온 비극의 역사로 되돌아갈 것이다.

## '아나키스트 공(公)'의 어린 시절

맑스와 엥겔스가 유토피아적 사회주의를 과학적 사회주의로 변모시켰다면, 크로포트킨은 당시 운동의 형태로서만 존재하던 아나키즘에 최초로 과학적인 토대를 마련했다고 할 수 있다. 물론 그의 사상이 아나키즘 전체를 대표할 수는 없다. 그렇다 해도 제1인터내셔널에서의 제명과 볼셰비키의 탄압 이후 전세계 아나키스트들에게 과학적 사회주의를 표방한 맑스주의에 맞설 수 있는 주요 토대를 마련해준 것은 크로포트킨의 아나코-코뮨주의였다. 훗날 많은 이들이 크로포트킨을 '아나키스트 공(公)'이라고 부르게 된 것은 그가 귀족 출신인 이유도 있지만, 더 큰 이유는 그가 아나키즘에 기여한 이 공로를 높이 사서였다(물론 인민들에 대한 무한한 애정을 실천하고자 귀족의 작위를 버렸던 크로포트킨은 이런 호칭을 그다지 달가워하지 않았다).

크로포트킨은 자신의 삶을 기록한 『어느 혁명가의 회고』(1899)를 남겼다. 차르를 호위하던 귀족이 "차르 타도"를 외치는 혁명가로 변신하기까지의 과정을 감동적으로 묘사한 이 책은 성아우구스티누스의 『참회록』(398), 루소의 『고백록』(1788), 요한 볼프강 괴테의 『시와 진실』(1833), 한스 안데르센의 『내 생애의 이야기』(1847)와 함께 세계 5대 자서전 중 하나로 꼽힌다. 지금부터 이 자서전을 중심으로 크로포트킨의 삶을 살펴보도록 하자.

크로포트킨은 1842년 모스크바 명문 귀족가문에서 3남 1녀 중 막내로 태어났다. 세 살에 어머니를 여의고 둘째 형인 알렉산드르와 가정교사의 교육을 받으며 성장했던 크로포트킨은 여덟 살 때 가장행렬에서 당시 차르 니콜라이 1세와 직접

1850년 자신의 즉위 25주년 기념식에서 여덟 살의 크로포트킨을 만난 니콜라이 1세는 당시 세번째 왕손을 임신 중이던 황태자비에게 이렇게 말했다고 한다. "이런 애를 만들어주시오." 꼬마 페차(표트르의 애칭)가 이 말에 기뻐했는지는 모르겠지만, 아무튼 이 일을 계기로 크로포트킨은 근위사관학교에 입학하게 된다.

만나기도 했고, 나중에는 황실의 부속학교인 근위사관학교에 입학했다. 이 학교 출신 중 우등생이 '궁정근위'로 임명되고 있었으니, 크로포트킨은 당시 러시아의 최고 엘리트 과정을 밟고 있었던 셈이다.

니콜라이 1세가 사망한 1855년부터 러시아는 변화의 시기에 접어들게 됐다. 자유로운 기풍을 지녔던 크로포트킨이 당시의 교육과 학교의 규율을 비판적으로 바라보기 시작한 것도 이즈음이었다. 크로포트킨은 주로 형인 알렉산드르와 편지를 나누며 생각을 키웠는데, "내가 지적으로 성숙할 수 있었던 데에는 특히 형의 도움이 컸다"라고 말할 정도였다. 당시 경제학에 관심을 갖고 장터에서 직접 인민들의 삶을 관찰했던

정부관리 앞에서 농노해방 의식을 거행하고 있는 농노들의 모습. 1861년 3월 3일 알렉산드르 2세는 농노해방령을 선포했다. 크리미아전쟁의 패배 이후 러시아의 근대화가 제1의 부국강병책이라고 여긴 차르의 전격적인 조처였다. 그러나 이 농노해방령은 농노에게 과도한 토지배상금을 부과하는 등 매우 기만적이었기에 곧 실패했다.

크로포트킨은 "러시아 농민들의 건강성"과 "그들 사이에 생겨나고 있던 평등의 정신"을 느끼게 된다. 그리고 이 깨달음은 근위사관학교의 야영교육에서의 깨달음, 즉 "규율보다는 열정과 신뢰만이 병사들에게 '불가능한 일'도 감행하게 할 수가 있다"는 깨달음과 함께 세상을 바라보는 크로포트킨의 관점에 조금씩 영향을 미치기 시작했다.

1859~60년 공화주의를 주장하는 유인물을 최초로 만들기 시작하면서 당시 러시아의 핵심사안이던 농노제의 폐지에도 관심을 갖게 된 크로포트킨은 1861년경부터 러시아 황실에 대해 품고 있던 환상에서 벗어나게 됐다. 근위사관학교의 상사로 임명되어 궁정에 출입하게 된 크로포트킨은 황실의 사치와 부패를 직접 목격할 수 있었고, 결국 황실이 사회변화를 주도할 세력이 될 수 없다는 점을 절감하게 된 것이었다.

1862년 크로포트킨이 황실로 들어가는 것을 거부하고 시베리아의 코사크 기병연대를 지원한 이유도 여기에 있었다. 당시 러시아에 합병된 아무르 지역과 우수리 강을 관찰하고 싶기도 했지만, 무엇보다 거대한 혁신이 단행되고 있음에도 일할 만한 사람이 거의 없었던 시베리아에서 뭔가 자신이 할 일을 찾을 수 있으리라 믿었던 것이다.

## 시베리아에서의 경험과 인민들에 대한 애정

"1862년 러시아의 어떤 지방보다 진보적이었으며, 모든 면에서 더 우수했다"라고 크로포트킨이 평가했던 시베리아 행정당국은 그에게 능동적으로 일할 토대를 마련해줬다. 크로포트킨은 감옥제도 개선위원회와 지방자치계획 준비위원회의 사무관으로 직접 몸으로 뛰며 개혁안을 마련하고, 잘못된 행정을 실제로 바로잡는 등 청년의 열정을 불태웠다.

그러던 중인 1863년에 폴란드가 러시아의 지배를 거부하며 반란을 일으켰다. 크로포트킨은 이 반란을 지켜보면서 혁명이란 군사전략의 문제가 아니라 "[그 혁명의] 시작부터가 짓밟히고 억압당하는 사람들을 향한 정의의 행동이어야 한다"는 점을, "그렇지 않은 혁명은 반드시 실패한다"는 점을 깨닫게 된다.

그 뒤 차르 알렉산드르 2세의 러시아 개혁이 지지부진해지고 다시 반동세력이 권력을 잡게 되자 크로포트킨은 제도개혁에 대한 환상을 포기하게 된다. "행정기구는 절대로 인민들을 위해 유용하게 사용될 수 없다는 깨달음"을 얻은 크로포트킨은 이제 "문서에는 좀처럼 등장하지 않는 이름 없는 인민들의 건설적인 노동이 사회의 발전에 얼마나 중요한 역할을 하는지" 서서히 깨닫게 된다.

1895년 6월 29일 두코보르파 소속의 군인들 7백 명이 차르의 군국주의에 반대하는 시위의 일환으로 자신들의 무기를 불태우는 사건이 벌어졌다. 이 사건으로 더욱더 극심한 탄압을 받게 된 두코보르파는 1899년 신앙의 자유를 찾아서 캐나다로 대거 이주한다. 크로포트킨은 북아메리카 강연여행 도중 알게 된 캐나다의 정부관리들과 두코보르파의 만남을 주선했고, 톨스토이는 자신의 소설 『부활』(1899)의 인세를 모두 이주기금으로 내놓았다(위 사진은 캐나다로 이주한 직후 한 자리에 모인 두코보르파의 모습이다).

한편 크로포트킨은 아무르 강과 중국의 만주 지방을 탐사하며 지리학자로서의 관심도 키워나갔다. 만주를 탐사하며 처음으로 중국인들을 만난 크로포트킨은 당시의 경험을 이렇게 회상했다. "나는 중국어를 한 마디도 몰랐고 그들도 러시아어를 전혀 몰랐지만 서로 손짓을 주고받으며 대화를 할 수 있었다. 우정의 표시로 어깨를 가볍게 두드리는 것은 세계 공통의 언어였다. 서로 담배를 권하고 불을 붙여 주는 것도 만국 공통의 우정 표시였다."

특히 1840년경 차르 니콜라이 1세의 명령에 따라 아무르 지방에 강제로 이주해 있던 두코보르파와의 만남은 크로포트킨에게 지대한 영향을 미쳤다. 두코보르는 '영혼을 위해 싸우는 자'라는 뜻의 러시아어

로서, 16~17세기 러시아에서 형성된 급진적 가톨릭 분파를 지칭하는 말이었다. 이들은 신이 각 개인의 마음속에 살고 있다고 생각했기에 교회조직을 부정했고, 세속의 권위를 인정하지 않았기에 정부조직도 부정했다. 더구나 군국주의와 전쟁에 반대하고 평화를 지향했기에 징병에도 응하지 않았다. 그러니 이들이 러시아정교회와 차르에게서 극심한 탄압을 받은 것도 당연한 일이었다.

크로포트킨이 두코보르파에게서 주목한 것은 "노동과 평화로운 삶"을 신조로 이들이 꾸려나가던 공동생활이었다. 크로포트킨은 이 공동생활 방식에서 새로운 사회조직의 가능성을 엿봤던 것이다. 물론 이때의 경험을 체계화하기까지는 더 많은 시간이 필요했지만(특히 1871년 파리코뮌의 경험이 결정적 계기였다), 당시 21세의 젊은이였던 크로포트킨은 두코보르파의 공동생활에 큰 감명을 받은 듯하다. "우애에 기초한 이들의 준(準)공산주의적 조직이 얼마나 어마어마한 장점을 갖고 있는지 …… 보고 깨달은 바는 책에서는 배울 수 없는 것이었다."

얼마 뒤 크로포트킨은 형인 알렉산드르가 근무하던 이르쿠츠크로 근무지를 옮기게 된다. 그러나 당시 폭동을 일으킨 폴란드 죄수들이 가혹한 처벌을 받자 알렉산드르와 크로포트킨은 군대를 떠나 러시아로 돌아가기로 결심했다. 자신에게 "인생과 인간의 본질에 관한 참된 가르침을 줬다"라고 말한 시베리아에서의 생활은 이렇게 그의 군대생활과 함께 끝을 맺게 됐다.

1867년 상트페테르부르크로 돌아온 크로포트킨은 대학의 수학과에 입학하는 한편, 러시아지리학협회의 간사로 일하면서 지리학자로서의 경력을 쌓기 시작했다. 그리고 인민주의운동과 여성운동에도 관심을 갖게 된다. 시베리아에서의 여행을 통해 북부아시아 산맥이 지도상에 잘못 그려졌다는 점을 발견했던 크로포트킨이 독일의 유명한 지리학자 알렉산더 폰 훔볼트의 오류를 수정하는 연구를 시작하게 된 것도 이때부터이다(이 연구성과는 1873년 출판된다).

그러나 이런 연구과정에서도 "과학적인 방법과 여유가 한 줌의 사람들에게만 제한되어 있지 않다면 많은 사람들이 이런 행복을 느낄 수 있을 것"이라며 안타까워했던 크로포트킨은 학자의 길을 계속 걸어야 할지 고민하기 시작했다. 특히 러시아지리학협회의 의뢰로 빙하퇴적물 연구를 위해 핀란드를 여행 중이던 1871년에 자신의 지식을 어떻게 인민들과 공유할 수 있을지에 대한 크로포트킨의 고민은 깊어졌다. 마침 이때는 러시아지리학협회가 사무관직을 제안한 때이기도 했다. 크로포트킨은 스스로에게 질문했다. "주변에 배고픈 사람들이 진흙 같은 빵 한

**마소예도프, 「지방자치회의 점심식사」**
농노제가 폐지되기 이전까지 농민들은 주인에 예속된 농노와 토지에 예속된 농노로 나뉘어 있었다. 그러나 배고픔을
피할 수 없었다는 점에서는 똑같았다. 이런 상황은 농노제가 폐지된 이후에도 마찬가지였다. 농노해방령으로 지방자
치회(젬스트보)에 참석할 수 있는 자격을 부여받았지만, 농민들은 여전히 굶주림에 시달려야 했다.

조각 때문에 투쟁하는 때에, 고상한 즐거움을 누리는 것을 어떻게 옳다
고 할 수 있겠는가? 내가 이 고상한 정서의 세계에서 생활하기 위해 소
비하는 모든 것은 바로 땀 흘려 농사지어도 자식들에게 빵 한 조각 배불
리 먹일 수 없는 농민들에게서 빼앗은 것이 아닌가?"

　　결국 크로포트킨은 기나긴 고민 끝에 러시아지리학협회의 사무관
직 제안을 사양하게 된다. "내가 인민들을 위해 나가야 할 방향은 바로
이것[자신의 지식을 인민들과 공유하는 것]이었다. 말로만 인류의 진보
를 역설하는 진보주의자들, 농민과 함께 앞으로 나아가는 체하면서 실은
농민들에게서 멀리 떨어져 있는 이들은 단지 자신의 모순을 감추는 데

프랑스 화가 장-루이 메송니에의 「포위된 파리」(1870~84). 사자 가죽을 쓴 여성(가운데)은 파리 시민들의 용기를 상징한다. 이 그림이 보여주듯이, 파리 시민들이 자발적으로 결성한 국민방위대는 사자와 같은 용기를 보여줬다.

급급해 궤변만 늘어놓고 있었다." 크로포트킨은 말이 아니라 실천으로 자신의 생각을 증명하리라 마음먹었다.

## 1871년 파리코뮌이라는 계기

파리코뮌이 존재한 72일 동안(1871년 3월 18일~5월 28일), 크로포트킨은 여전히 핀란드와 스웨덴 등지를 돌고 있었다. 크로포트킨이 파리코뮌에 대해 자세한 소식을 들은 것은 아버지 알렉세이의 장례식 때문에 상트페테르부르크로 돌아온 가을쯤이었다. 파리코뮌이 등장하게 된 계기는 1870년 7월 발발한 프로이센과 프랑스의 전쟁이었다. 독일 통일을 꿈꾸고 있던 프로이센의 수상 비스마르크는 프랑스의 잦은 방해를 늘 눈엣가시처럼 여기고 있었다. 마침 호엔촐레른가(家)의 왕자 레오폴드를 스페인 왕위에 올리려던 프로이센의 계획에 프랑스가 딴죽을 걸자, 비스마르크는 나폴레옹 3세를 자극해 프랑스의 선전포고를 이끌어냈다. 이 전쟁은 만반의 준비를 갖추고 있던 프로이센이 파리를 점령한 1871년 1월 28일 일단락됐다.

그러나 이것은 곧 다가올 폭풍의 전조일 뿐이었다. 나폴레옹 3세의 굴욕적인 항복에 분노한 파리 시민들은 국민방위대를 결집시켜 자국 정부에 맞섰다. 3월 18일, 프랑스 정부는 이에 놀라 국민방위대를 해산시키려 했고, 시민들은 도시의 지배권을 장악하는 것으로 응수했다. 그리고 3월 28일, 새로운 자치 정부의 설립을 선포했다. 마침내 '역사상 최초의 프롤레타리아 정부'가 설립된 것이다!

훗날 크로포트킨이 '비열한 자본가의 착취를 끝장내고 인민들을 국가의 감독에서 벗어나게 했으며, 자유·평등·연대의 새로운 시대로 인류의 발전을 이끈 최초의 영웅적 노력"이라고 찬양한 파리코뮌은 크로포트킨의 삶에도 새로운 전기를 마련해줬다(크로포트킨은 1872~74년 차이코프스키단의 단원으로 활동할 때에도 노동자들과 농민들에게 파리코뮌에 관해 강연했고, 표트르-파블로프스키 요새에 수감된 뒤에도 벽을 두드려서 옆방의 죄수에게 파리코뮌의 역사를 가르쳤다).

파리코뮌은 크로포트킨의 핵심사상 중 하나가 될 주장, "모든 사회혁명이 반드시 갖춰야 할 형태는 독립된 코뮌이다"라는 주장을 뒷받침하는 강력한 사례가 됐다. 실제로 파리코뮌에서는 각 지구에서 선거로 선출된, 정치적 책임을 지고 소환될 수 있는 대의원들이 입법과 행정을 담당했다. 게다가 파리코뮌은 경찰과 군대를 폐지한 뒤 선출된 장교들과 평범한 시민들에게 그 의무를 맡겼다. 그런데도 단 한 건의 범죄조차 발생하지 않았다. 요컨대 파리코뮌은 평범한 인민들이 자신들의 일상을 스스로 관리할 능력을 가지고 있음을 만천하에 입증했다.

뒤늦게 "코뮌을 세운 노동자들의 파리는 새로운 사회의 영광스러운 선구자로 영원히 찬양될 것이다. 그 순교자들은 노동계급의 위대한 마음속에 고이 간직될 것이다"(『프랑스에서의 내전』)라고 파리코뮌을 긍정적으로 평가하면서도 파리코뮌의 한계를 지적하며 미묘한 여운을 남겼던 맑스와 달리, 당시 유럽의 아나키스트들이 파리코뮌에 일관된 지지를 보냈던 것도 파리코뮌이 '인민들 스스로에 의한 통치'라는 아나키즘의 정신을 보여주었기 때문이다. 그리고 파리코뮌의 대의원 91명 중 79명이 아나키스트로 분류될 수 있었기에, 이런 지지는 당연한 것이라고 말할 수도 있다(예컨대 『프루동 평전』을 쓴 캐나다의 작가 조지 우드콕은 프루동이 파리코뮌 이전에 죽었지만 그 사상과 수많은 제자들을 통해 파리코뮌에 영향을 미쳤다고 주장하기도 했다).

크로포트킨이 파리코뮌의 교훈을 자신의 사상에 받아들인 것은 더 뒤의 일이었지만, 파리코뮌은 크로포트킨이 노동자들의 정치운동에 적극적인 관심을 갖게 만들었다. 아버지의 장례식이 끝난 몇 개월 뒤, 결국 크로포트킨은 한창 혁명의 기운이 들끓던 서유럽으로 향했다.

## 제1인터내셔널의 분열

1872년 봄, 크로포트킨은 독일을 거쳐 스위스로 여행을 떠난다. 그곳에서 크로포트킨은 오래 전부터 얘기로만 들어오던 제1인터내셔널에 관

1809년 1월 15일 프랑스의 브장송에서 가난한 농민의 아들로 태어난 프루동은 인쇄소에서 일하며 독학으로 성공한 아나키스트였다. 스스로를 아나키스트라고 부른 최초의 인물이기도 한 프루동은 맑스의 비판에 대해 이렇게 말했다. "나는 맑스 박사에게 모욕을 당했습니다. 이건 독설이자 비방, 날조, 표절의 연속입니다."

해 구체적으로 살펴보기로 마음먹고 취리히 지부에 가입했다. 그리고 그곳에서 열정적으로 탐독했던 사회주의 문헌과 신문은 "일상에서 고통받는 사람들이 얼마나 깊이 사회주의운동의 도덕적 힘에 매료되고 기꺼이 실천하고 있는가"를 크로포트킨에게 일깨워줬다. 크로포트킨은 이 미지의 세계를 더 자세히 알고 싶었다. 이 욕망을 충족시키기 위해 당시 국제노동운동의 중심지였던 제네바로 향하게 된 크로포트킨은 그곳에서 여러 노동자들과 관계를 맺는다. "인간을 고양하는 제1인터내셔널의 힘에 깊이 감동"했던 크로포트킨은 이때부터 "노동자들과 운명을 같이하지 않으면 안 되겠다"는 결심을 하게 됐다.

부르주아 언론은 프루동을 "곡괭이로 사적재산을 파괴하는 인물"로 희화화하며 그의 주장을 애써 깎아내리려 했다.

그런데 크로포트킨은 제네바에서 아나키스트들과 맑스주의자들의 대립을 처음 접하게 됐다. 당시 제1인터내셔널은 바쿠닌 지지자들과 맑스 지지자들로 갈라져 충돌하고 있었다. 사실 이런 충돌은 처음이 아니었다. 크로포트킨이 제네바에 오기 4년 전인 1868년, 제1인터내셔널은 프루동 지지자들과 맑스 지지자들 사이의 대결로 이미 한바탕 몸살을 겪은 바 있었기 때문이다.

프루동과 맑스의 인연은 꽤 질긴 것이었다. 이들의 역사적 만남은 1844년 파리에서 이뤄졌다. 당시 프루동은 유명한 사회주의자였고, 맑스는 국제사회주의운동에 헌신할 국제조직을 구상 중이었다. "소유란 도둑질이다"라는 말을 19세기의 유행어로 만든 프루동의 저서 『소유란 무엇인가?』(1840)를 "위대한 과학적 진보이자 정치경제학을 혁명화해 비로소 참된 정치경제학을 가능케 한 진보"라고 평가한 맑스는 이듬해 프랑스에서 추방될 때까지 프루동과의 만남을 지속했고, 1846년에는 한 통의 편지를 보내 사회주의자들의 전세계적 연락망을 만드는 데 동참해 달라고 요청했다.

프루동은 맑스의 제안을 받아들였지만 몇몇 유보조건을 제시했다. 프루동은 사회의 법칙과 그 실현방식에 관한 독단주의(특히 경제적 독단주의)를 거부한다는 점을 분명히 밝혔다. "우리가 운동에서 앞서 있다는 이유만으로 새로운 편협성을 드러내는 지도자가 되지는 맙시다. 새로운 종교의 사도인 척하지 맙시다. 문제제기를 결코 소모적인 것으로 여기지 맙시다." 프루동은 혁명적 폭력행위를 개시하자는 주장에도 반대했다. "나는 가진 자들에 대한 성 바르톨로뮤의 밤을 거행해 그들에게 새로운 힘을 주는 것보다 소유를 천천히 불태우는 쪽을 좋아합니다."

이 편지왕래가 맑스와 프루동 사이의 마지막 대화였다. 그 뒤 맑스는 프루동의 『경제모순의 체계 또는 빈곤의 철학』(1846)을 패러디한 『철학의 빈곤』(1847)을 출간해 프루동을 부르주아 사회주의자로 매도했다. 그 이후 두 사람의 관계는 회복될 수 없을 만큼 나빠졌다.

프루동과 맑스의 대립은 주로 소유를 바라보는 관점의 차이에서 비롯됐다. 인간노동이 왜곡되고 소외되는 원인을 사적소유에서 찾은 맑스는 계급투쟁과 혁명으로 생산관계를 변화시켜 소유를 없애야 한다고 주장했다. 이와 달리 법률적인 측면에서 소유권을 비판한 프루동은 소유를 축적이 불가능한 점유로 대체하고 협동조합의 건설과 이를 지원할 인민은행을 창립해 자본주의 사회를 변화시키려 했다. 요컨대 프루동의 관심은 노동의 상호성을 담보할 수 있는 사회체계를 구상해 농민과 노동자 스스로가 자신의 삶을 개선하도록 지원하는 데 있었다.

이런 점에서 프루동은 크로포트킨의 상호주의에 이론적 토대를 마련해줬다고 할 수 있다. 프루동은 『소유란 무엇인가?』에서 인간과 동물 모두 사회적 본능(사회성, 정의, 형평성 등)을 지녔다고 주장했다. 그리고 이런 본능이 인간으로 하여금 동료들과의 소통을 추구하게 만든다고 봤던 프루동은 이런 상호성이야말로 새로운 사회의 원리가 되어야 한다고 주장했다. 이런 상호성의 원리는 나중에 크로포트킨이 주장한 '보살핌의 원리'로 이어지게 된다.

맑스가 산문이었다면 바쿠닌은 시였다. 비록 제1인터내셔 널에서의 활동 중 사사건건 부딪혔으나, '혁명적 열정'에 관한 한 맑스도 바쿠닌에게 한 수 접어줘야 했다.

비록 프루동은 제1인터내셔널이 창립된 이듬해(1865년)에 죽었지만, 프루동과 맑스의 대립은 제1인터내셔널에서 재연됐다. 맑스가 주도하던 인터내셔널의 총평의회는 1867년 제2차 로잔 대회에서 총파업을 비롯한 정치투쟁의 강화를 의제로 삼았던 반면에, 폭력을 불러올 급격한 혁명보다 협동조합·인민은행을 통한 완만하고 총체적인 사회변화를 추구하던 프루동 지지자들은 이에 반대했던 것이다. 그런데 1868년 제3차 브뤼셀 대회에서 총평의회는 주요 생산수단의 국유화 정책을 통과시켜 사실상 프루동 지지자들의 요구를 묵살했다.

1872년 크로포트킨이 제네바에서 목격한 바쿠닌 지지자들과 맑스 지지자들의 대립은 이와는 약간 달랐다. 프루동과 맑스가 자본주의를 새로운 사회로 대체할 방식을 놓고 대립했다면, 바쿠닌과 맑스는 새로운 사회를 추구하는 혁명운동의 조직원리를 둘러싸고 대립했다.

"파괴의 충동은 창조적인 충동이다"라는 말로 유명한 바쿠닌은 1814년 러시아 모스크바 북서쪽의 프레무히네에서 태어났다. 아버지가 영지를 지닌 귀족이었지만 모스크바와 베를린에서 헤겔 철학과 급진주의를 접한 바쿠닌은 귀족의 길을 포기하고 혁명가의 길을 걷게 된다. 프루동과 마찬가지로 바쿠닌이 맑스를 처음 만난 것도 1844년 파리에서였다. 바쿠닌과 맑스는 19세기 혁명가의 대조적인 성향을 보여주는 생생한 표본이었다. 요컨대 바쿠닌은 정열적이고 반항적인 혁명가로, 맑스는 합리적이고 꼼꼼한 이론가로 자신의 꿈을 펼치고 있었던 것이다.

인터내셔널은 "만국의 노동자들이여 단결하라"라는 기치 아래 전세계 노동자들의 연대를 추구했다. 그러나 인터내셔널은 끊임없는 갈등으로 몸살을 앓아야 했다(위 그림은 1889년 영국의 화가 월터 크레인이 「노동자들의 국제연대」라는 제목으로 제2인터내셔널의 결성을 축하해 그린 것이다).

바쿠닌과 맑스는 그 기질만큼이나 이론적인 입장에서도 큰 차이를 드러냈다. 가장 큰 차이는 정치참여와 국가의 폐지에 관한 것이었다. 맑스는 노동자들의 정치투쟁을 위한 정당을 건설해야 하고, 이 노동자들의 정당은 국가의 폐지를 위해서 국가 주도의 정치(가령 보통선거)에 참여할 수도 있다고 주장했다. 그러나 바쿠닌은 기존의 정치란 지배를 유지하는 기만적인 술책일 뿐이기에 정치참여를 거부해야 한다고 주장했다. 또한 그 어떤 정치조직도 한 계급의 이익을 위해 나머지 대중을 지배하려는 조직이 될 수밖에 없으므로, 노동자들뿐만 아니라 사회에서 배제된 사람들(몰락한 지식인, 룸펜프롤레타리아트, 농민 등)이 대중반란을 일으켜 국가를 즉시 폐지해야 한다고 주장했다.

특히 바쿠닌은 맑스가 주장한 프롤레타리아 독재를 경계했다. 맑스에게 프롤레타리아 독재는 기존의 국가가 파괴되고 새로운 국가가 세워질 때까지의 과도기에 혁명의 완수를 이끌 장치였다. 그러나 바쿠닌은 권력을 잡은 프롤레타리아트가 억압하고 착취하는 계급이 되어 또 하나의 지배계급으로 등장할 위험을 주시했다. "프롤레타리아트가 지배계급이 된다면, 과연 그들이 누구를 지배하느냐라는 질문이 대두된다. 그러니 이 새로운 지배, 즉 새로운 국가에 예속될 또 다른 프롤레타리아트가 있어야만 한다"(『국가주의와 아나키』, 1873).

또한 바쿠닌은 제1인터내셔널의 규약과 관련해서도 맑스와 대립했다. 바쿠닌은 총평의회의 권한을 축소하고 지부의 자율성을 강화해야 한다고 주장한 반면에, 맑스는 조직의 분열을 막으려면 총평의회에게 지부를 제명할 권한을 부여하고 제1인터내셔널이 전세계 혁명운동을 주도해야 한다고 주장했다. 이에 대해 바쿠닌은 "가장 지적이고 생각 있는 개인들의 집단이 혁명운동과 전세계 프롤레타리아트의 경제조직을 지도하고 통합하는 사상, 영혼, 의지가 되어야 한다고 주장하는 것은 상식과 역사적 경험에 위배되는 있을 수 없는 일"이라고 반박했다.

바쿠닌과 맑스 사이의 이런 대립을 개인적인 입장 차이로만 봐선 안 될 것이다. 오히려 이 대립은 두 사람으로 대표되던 이론적인 경향, 즉 아나키즘과 맑스주의의 차이였다. 자율적인 본능을 가진 대중의 직접행동으로 변화를 이끌며 자치적인 코뮌을 형성해 코뮌들의 연방을 실현할 것인가, 과학적인 이론으로 무장한 전위(前衛)로 혁명을 이끌어 국가권력을 장악하고 민주적인 독재를 시행할 것인가? 바쿠닌과 맑스로 대변되는 두 가지 혁명관은 여전히 날카롭게 대립하고 있다.

### 아나키즘에 입문하다 : 쥐라연합과의 만남

크로포트킨은 제네바에서의 논쟁을 지켜보며 "인터내셔널의 운동이 과

스위스 뇌샤텔에 위치해 있는 쥐라산의 전경. 휴양지로도 유명했던 쥐라산은 제1인터내셔널의 총평의회에 맞선 쥐라연합의 등장으로 유럽 혁명운동의 본산지 중 하나가 됐다.

연 건전한 것인지 의문을 갖게 됐다". 그래서 이 의문을 풀고자 여러 지인들의 소개로 다양한 사회주의자들을 만나볼 작정을 한다.

이때 만난 사람들 중에서 크로포트킨에게 가장 큰 영향을 끼친 이들은 당시 스위스 뇌샤텔의 쥐라산 기슭에 살고 있던 시계공들이었다. 이들과 보낸 일주일이야말로 크로포트킨이 아나키즘에 입문하게 된 결정적 계기였기 때문이다. 이 만남이 바로 "수년간 사회주의 안에서 아나키스트 경향을 선도하며 사회주의의 발전에 중요한 역할을 수행하던 쥐라연합"과의 만남이었다.

당시 바쿠닌의 동지인 잠 기욤이 이끌던 쥐라연합은 제1인터내셔널의 총평의회에 맞서고 있었다. 크로포트킨은 기욤과의 우정을 통해

"쥐라연합과 바쿠닌이 주창한 아나키즘, 그리고 그것에 기초한 국가사회주의 비판(정치적 전제주의보다 경제적 전제주의가 더 위험하고 끔찍하다는 비판)"을 체계적으로 접하게 된다. 쥐라연합과 보냈던 일주일은 크로포트킨에게 강한 인상을 남겼다. 무엇보다도 "쥐라산 기슭에서는 제네바의 본부[제1인터내셔널]에서 봤던 지도자와 노동자 간의 괴리를 찾아볼 수 없었다".

기욤은 아나키스트들이 제1인터내셔널에서 수행한 투쟁의 기록인 『인터내셔널: 문서와 기억』(4권)의 지은이자 바쿠닌 전집의 편집자이기도 했다.

'미셸'(바쿠닌)이라는 이름이 그들의 입에 자주 오르내렸다. 그러나 그것은 권위적인 지도자의 이름으로서가 아니라 동료이자 개인적인 벗으로서의 이름이었다. 내가 가장 놀란 것은 그가 지적인 권위보다도 도덕적 인격으로 영향을 미치고 있다는 점이었다. 나는 쥐라연합에서 아나키즘에 관해 얘기하면서, "바쿠닌이 이렇게 말했다"라든가 "바쿠닌은 이렇게 생각했다"라는 것을 기준으로 결론을 내리는 일을 본 적이 없다.

이와 같은 쥐라연합과의 만남을 통해 비로소 크로포트킨은 제네바에서 경험한 노선갈등을 이해할 수 있었다. "맑스파와 바쿠닌파의 갈등은 개인적인 것이 아니었다. 그것은 연방주의와 중앙집권주의, 자유로운 공동체와 국가의 가부장적 지배, 인민들의 자유로운 운동과 입법을 통한 자본주의 개선, 남부 정신과 독일 정신의 충돌이었다."

그러나 제1인터내셔널에서의 상황은 다분히 감정적으로 흘러갔다. 맑스 지지자들은 바쿠닌이 제1인터내셔널 내부에 분파를 만들고 조직을 장악하려 한 악당이라고 몰아세웠다. 이런 주장은 후대에도 그대로 유지됐다. 예를 들어 소련공산당 맑스-레닌주의 연구소가 펴낸 『맑스 전기』(1973)에는 바쿠닌이 "무력하고 억압받는 인민 대중, 농부들, 프티부르주아지의 회의"를 대변했으며 테러와 관련된 비밀조직을 운영했다고 서술되어 있다. 비교적 객관적인 자세에서 맑스의 삶을 평가했던 영국의 저널리스트 프랜시스 윈조차도 "자포자기에 가까운 어리석은 행동"을 일삼은 "굶주린 하이에나"로 바쿠닌을 묘사한 바 있다.

이와 달리 아나키스트들은 맑스가 바쿠닌에게 비열한 행동을 했다고 주장했다. 맑스와 바쿠닌의 대립을 '중앙집권적 권위주의자와 반권위주의적 자유인의 대립'으로 본 우드콕은 제1인터내셔널의 다수를 차지했던 조합주의자들(프루동 지지자들)과 상호주의자들(바쿠닌 지지자들)이 바쿠닌을 지지했기 때문에, 제1인터내셔널을 비민주적인 방식으로 지배하고 있던 맑스의 총평의회가 바쿠닌을 공격한 것이라고 말한다. 맑스의 평전을 쓴 영국의 사상가 이사야 벌린도 비슷한 이야기를 한다. "맑스는 바쿠닌의 혁명적인 에너지와 인간의 상상력을 자극하는 힘을 과소평가하지 않았다. 하지만 이런 이유로 맑스는 바쿠닌이 폭발적이고 위험스러운 힘과 지나는 곳마다 반란의 씨를 뿌릴 수 있는 힘을 지니고 있다고 판단했다. 만약 바쿠닌과 그의 지지자들이 자기편 지지자들을 혼란에 빠뜨리게 내버려두면, 노동자들의 입장이 난처해질 것이다." 즉, 단지 이론적인 차이뿐만이 아니라 운동진영 내에서의 영향력 때문에라도 두 사람의 대결은 피할 수 없었다는 것이다.

확실히 바쿠닌이 세르게이 네차예프 같은 러시아의 음모주의자와 어울렸고 비밀조직을 만들려고 했다는 점은 분명한 사실이다. 미국의 대표적인 아나키즘 연구가 폴 애브리치도 바쿠닌의 양면성을 지적한 바 있다. 즉, 바쿠닌은 "농민반란을 열망한 귀족이자 다른 사람들을 지배하라고 주장한 리버테리안, 강력한 반(反)지식인 경향을 가진 지식인"(『아나키스트의 초상』, 1988)이었다는 것이다.

그러나 양쪽의 주장이 판이하게 다를 뿐만 아니라, 맑스와 바쿠닌이 제1인터내셔널에 돌린 회람들 역시 각자의 입장만을 대변하고 있기에 선뜻 어느 한 편의 손을 들어주기는 어렵다.

다만 우리가 지금 확실히 말할 수 있는 것은 크로포트킨이 바쿠닌의 손을 들어줬다는 사실이다. 자신의 자서전에서도 밝혔듯이, 크로포트킨은 쥐라산 기슭에서 목격한 평등주의적 관계, 노동자들 사이에서 발전하고 있던 생각과 표현의 독립성, 그리고 그들이 운동의 대의에 바쳤던 무한한 헌신에 깊은 감동을 받았다. 그래서 크로포트킨은 아나키즘에 헌신하기로 결정했다. "쥐라산을 떠날 무렵에는 사회주의에 대한 나의 견해가 결정되어 있었다. 나는 아나키스트가 된 것이었다."

『상호부조론』의 내용

1872년 5월, 크로포트킨은 빈과 바르샤바를 거쳐 상트페테르부르크로 돌아왔다. 머릿속에는 아나키스트로서의 확신을, 두 손에는 "당국의 검열에 걸릴 게 뻔한" 수많은 사회주의 서적을 들고. 고국으로 돌아온 크로포트킨은 자신의 확신과 서적을 공유할 사람들, 그것도 자신이 믿을 수 있는 사람들을 찾기 시작했다. 왜냐하면 당시 러시아의 절대권력은 체제의 붕괴를 막기 위해 안간힘을 다하고 있었고 무차별적인 연행, 구속, 투옥을 일삼고 있었기 때문이다.

오랜 탐문 끝에 크로포트킨이 찾아낸 집단은 인민주의자들의 모임인 차이코프스키단이었다. 차이코프스키단은 원래 자기계발과 학습을 목적으로 결성된 문학서클이었는데, 크로포트킨이 이들과 합류할 즈음에는 당국이 금지한 '불온서적들'을 전국적으로 유통시키며, 급진적인 청년들을 각지의 노동자·농민과 연결시켜 주는 사회혁명의 선전조직으로 발전하던 중이었다.

1874년 3월 경찰에 체포되기 전까지 차이코프스키단에서 보낸 2년 동안, 크로포트킨은 혁명가로서의 활동을 훌륭하게 수행했다. 경찰의 대대적인 습격으로 와해되기 전까지 차이코프스키단은 "외국에서 팸플릿을 인쇄해 러시아로 반입하는 거대한 조직, 서클들·농장들·유럽과 러시아 50개 주 가운데 40개 주에 연결된 통신망, 상트페테르부르크의 노동자 그룹과 4개의 노동자운동본부"를 건설했던 것이다.

그러나 혁명가로서의 성공적인 2년은 크로포트킨에게 2년의 수감 생활이라는 대가를 요구했다. 러시아지리학협회의 세미나에 참석해 핀란드와 스웨덴에서의 빙하 연구를 발표하고 나오자마자 연행된 크로포트킨은 곧장 표트르-파블로프스키 요새에 수감됐다. 간수들은 차르 알

1703년 표트르 대제의 이름을 따 완공된 표트르-파블로프스키 요새는 1720년부터 정치범 수용소로 활용됐다. 1924년 혁명정부가 이곳을 박물관으로 변경하기까지 약 3백 년 동안, 러시아의 수많은 인재들이 이곳에서 죽었다.

렉산드르 2세의 동생 니콜라이 태공의 방문을 받은 이 귀족 출신의 혁명가를 함부로 대할 수 없었다. 그러나 자신의 동지들이 죽거나 미쳐 버리는 광경을 두 손 놓고 바라볼 수밖에 없었던 이 2년의 수감생활은 크로포트킨에게 류머티즘과 괴혈병을 안겨줬다.

1876년 5월, 크로포트킨은 건강이 악화되어 국군병원으로 이송됐다. 그는 이 기회를 놓치지 않았고, 면밀한 계획을 세운 동지들의 도움으로 6월경 국군병원의 삼엄한 감시망을 뚫고 탈출에 성공했다. 러시아를 탈출해 영국에 도착한 크로포트킨은 『네이처』와 『타임』에 글을 기고하며, 서유럽의 아나키즘운동에 적극 참여하기로 결심했다. 그 뒤 쥐라

크로포트킨이 만난 파리코뮌의 전사들. 국민방위대의 일원으로 전선에서 직접 총을 잡은 르클뤼(왼쪽)는 크로포트킨처럼 지리학자이기도 했다. 파리코뮌의 대의원이었던 르프랑세(가운데)는 훗날 파리코뮌의 진정한 역사적 의미를 밝힌 책을 썼다. 팽디(오른쪽)는 파리코뮌의 대의원이자 튈르리궁전의 방위사령관이었다.

연합의 기욤과 다시 연락을 취하고, 스위스로 떠나 쥐라연합에 가입하기까지는 그리 오랜 시간이 필요하지 않았다.

크로포트킨이 쥐라연합에 가입한 1877년은 바쿠닌과 그의 지지자들이 제1인터내셔널에 대항해 독자적으로 건설했던 국제조직 생티미에인터내셔널(일명 '반권위주의인터내셔널')이 해체된 해이기도 하다. 크로포트킨이 한창 차이코프스키단에서 활약하던 1872년 9월 제1인터내셔널(제5차 헤이그 대회)에서 제명된 바쿠닌과 그의 지지자들이 만든 이 단체는 스위스, 이탈리아, 스페인, 벨기에, 프랑스 등지에 나름대로 폭넓은 지지기반을 갖고 있었으나 그 핵심인물인 바쿠닌이 죽고(1876년 6월 13일), 쥐라연합의 기욤이 은퇴하자 급속히 구심점을 잃었다.

비록 바쿠닌과 기욤의 도움을 더이상 얻을 수는 없었지만, 크로포트킨은 쥐라연합에서 활동하며 자신의 사유를 체계적으로 정리하고 아래로부터의 운동에 대한 신념을 확고히 다지게 된다. 특히 파리코뮌의 투사로서 쥐라연합에 새로 가입했던 엘리제 르클뤼, 구스타프 르프랑세, 장-루이 팽디와의 만남은 크로포트킨이 파리코뮌의 성격과 역사적 의의를 깊이 이해하는 데 많은 도움을 줬다. 이들과의 만남을 통해서 크로포트킨은 인민들의 자율과 자치라는 파리코뮌의 역사적 의의를 일반화해, 그것을 새로운 사회의 모델로 좀더 구체화할 수 있었다.

그러나 쥐라연합에서의 활동은 당대의 혁명가들을 괴롭혔던 어려움, 즉 공권력의 감시와 탄압으로 인한 끊임없는 이주와 망명이라는 어려움을 크로포트킨에게도 안겨줬다.

크로포트킨은 1877년 9월 벨기에 겐트에서 열린 국제사회주의자 대회에 참석했다가 벨기에 경찰의 추적을 피해 영국 런던으로, 다시 프랑스 파리로 이주했으며, 이듬해인 1878년에는 프랑스 경찰의 추적을 피해 다시 스위스로 돌아오게 됐다. 그 와중에도 크로포트킨은 1879년 두 명의 동지와 함께 『반란자』라는 격주간 신문을 창간했다. 크로포트킨은 이 신문을 통해서도 "익숙한 말로 온건한 태도를 취하면서 노동자들 스스로 사회의 변화에 대해 판단"하도록 유도하는 선동가로서의 탁월한 능력을 발휘했다. 특히 "투쟁하라, 모든 이가 풍요롭고 충만한 삶을 살 수 있도록. 그리고 이 투쟁에서 다른 무엇이 줄 수 있는 즐거움보다 더 큰 것을 당신이 찾게 되리라 확신하라"고 권하는 「청년에게 보내는 호소」라는 글은 여러 언어로 번역되어 전세계로 퍼져 나갔다.

### 『종의 기원』 : 헉슬리와 크로포트킨의 논쟁

크로포트킨이 『반란자』에서 활약하는 동안, 세계는 또 한번 격랑에 휩쓸렸다. 특히 차르 알렉산드르 2세가 암살된 1881년 3월 13일 이후 유

알렉산드르 2세는 농노해방령 선포, 지방자치회(젬스토보) 설치, 행정·사법·군사제도 개혁 등으로 '해방황제'라고 불렸지만 폴란드의 해방운동을 잔인하게 진압하기도 했다 1866년 4월 4일 디미트리 카라코조프에 의한 최초의 암살 시도가 있은 뒤 늘 암살 위협에 시달렸던 차르는 결국 인민주의자들('인민의 의지파')에 의해 암살됐다.

럽의 반동적 분위기는 더욱 강화됐다. 이 반동의 분위기는 스위스 정부로 하여금 크로포트킨을 추방하게 만들었고, 크로포트킨은 다시 이주와 망명이라는 혁명가의 숙명에 처할 수밖에 없었다. 스위스에서 영국으로 간 크로포트킨은 사회주의운동에 개입하며 여러 노동자집회에서 연설을 하다 다시 프랑스로 떠났다. 그러다가 1882년 겨울 리옹에서 일어난 폭파사건에 가담했다는 죄목으로 프랑스 경찰에 체포됐다.

1883년 1월 리옹 감옥에 수감된 크로포트킨은 5년 금고형을 언도받고, 3월경 오브 주(州)의 클레르보 감옥으로 이송된다. 그러나 감옥은 크로포트킨의 자유와 활동을 구속할 수는 있었을지언정 그의 정신까지 가둬둘 수는 없었다. 어떤 면으로는 크로포트킨이 클레르보 감옥에서

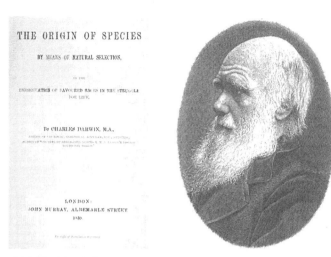

알려진 것과는 달리, 다윈은 『종의 기원』(원제는 『자연선택에 의한 종의 기원, 또는 생존경쟁에서 유리한 종의 보존에 관하여』이다)에서 인간의 진화과정에 대해서는 별다른 언급을 하지 않았다. 인간의 진화에 대한 다윈의 설명을 듣기 위해서는 다윈의 또 다른 저서 『인간의 유래』(1871)가 나오기까지 10여 년을 더 기다려야 했다.

보낸 3년은 맑스가 대영도서관에서 보낸 12년에 비견할 만했다. 맑스가 대영도서관의 문을 나선 뒤 『자본』을 썼듯이, 크로포트킨은 클레르보 감옥의 문을 나선 뒤 『상호부조론』을 썼기 때문이다.

　『상호부조론』의 1차 목표는 영국의 생물학자 찰스 다윈이 주장한 '생존경쟁'과 '적자생존' 개념을 비판하는 것이었다. 지질학 지식을 바탕으로 진화를 설명하려고 했던 다윈은 1859년 『종의 기원』을 발표해 "끊임없이 일어나는 '생존경쟁'을 통해 유리한 개체나 품종이 살아남은 사실에서 우리는 강력하고 끊임없이 작용하는 '토대'의 형태를 볼 수 있다"고 주장했다. 즉, 다윈은 생존경쟁과 적자생존을 바탕으로 한 자연 도태설을 진화의 일반이론으로 정립시켰던 것이다. 사실 크로포트킨은 시베리아 시절에 이미 『종의 기원』을 접했고, 시베리아와 만주를 탐험하면서 생존경쟁에 관한 자료를 수집하려 한 적이 있었다. 그러나 미지의 땅을 탐험하며 크로포트킨이 경험한 것은 동물들의 치열하고 냉정한 생존경쟁이 아니라 서로 돕고 의지하는 상호부조였다. 그래서 크로포트킨은 다윈이 알고 있었으나 발전시키지 않았던 면을 강조하려 했다. 가령 다윈이 진딧물과 개미의 관계에 대해 "동물이 스스로 다른 종의 이익을 위해 행동한다는 증거는 없으나, 각자는 다른 종의 약한 신체구조를 이용하는 것처럼 다른 종의 본능을 이용하려고 노력한다"고 언급한 부분은 충분히 새로운 해석의 가능성을 시사해 주는 듯했다.

혁명에 관심을 갖게 되면서 이와 같은 생물학적 관심을 한동안 뒤로 미뤄둬야 했던 크로포트킨이 다시 『종의 기원』이 제기한 문제를 되짚어보게 된 것은 클레르보 감옥에서였다. 당시 러시아의 유명한 동물학자이자 상트페테르부르크 대학 학장이던 칼 케슬러 교수의 원고를 우연히 읽게 된 것이 계기가 됐다.

1880년 1월 러시아 박물학자 대회에서 발표된 「상호부조의 법칙에 대하여」라는 제목의 원고를 통해, 케슬러는 생존경쟁뿐만 아니라 상호부조도 중요하다고 주장했다. 간단히 말하자면, 종의 생존과 진화에서는 생존경쟁의 법칙보다 훨씬 더 중요한 상호부조의 법칙이 존재한다는 것이었다. 모든 종류의 동물들이 상호부조를 실천한다고 주장한 케슬러는 딱정벌레, 새, 포유동물의 행동에서 사례들을 제시했다. 특히 이와 같은 다양한 사례들을 통해 케슬러는 새끼들을 보호하려는 욕망이 동물들을 협력하게 만들고, "개체들이 서로 협력을 유지할수록 서로를 더 돕게 되고 지적인 발전을 더 빨리 진척시킬 뿐 아니라 종의 생존기회를 더 높인다"는 점을 강조했다.

크로포트킨에게 "진화의 모든 주제에 새로운 빛을 비춘 것"과 같은 충격을 줬던 이 원고는 크로포트킨이 고민하던 농민공동체나 코뮌에 생물학적인 근거를 제시해줬다. 그러나 케슬러는 자신의 주장을 좀더 정교하게 발전시키지 못한 채 강연이 끝난 몇 달 뒤에 사망했다. 이제 상호부조에 관한 이론을 발전시키는 것은 크로포트킨의 몫이 됐으며, 이 때부터 크로포트킨은 지인들의 도움으로 옥중에서도 틈틈이 상호부조에 관한 자료를 수집하며 상호부조론을 발전시키기 시작했다.

드디어 1886년 1월 클레르보 감옥에서 석방된 크로포트킨은 사회주의운동의 중심지 영국으로 이주한다. 영국 최초의 아나키스트 신문 『자유』를 발간하고, 스코틀랜드를 돌며 아나키즘을 강연하는 와중에도 크로포트킨은 자신이 "자연법칙이자 진화의 요인"이라고 생각한 상호부조에 관한 관심의 끈을 놓지 않았다. 그러던 1888년 2월, 다윈의 제자 토머스 헉슬리가 『19세기』라는 잡지에 「인간사회에서의 생존경쟁」이라는 논문을 발표한다. 이에 크로포트킨은 1890~96년 같은 잡지에 상호부조에 관한 논문들을 실어 헉슬리를 반박했고, 1902년 이 논문들을 모아 한 권의 책으로 엮었다. 이 책이 바로 『상호부조론』이다.

헉슬리는 『19세기』에 기고한 위 논문에서 동물의 세계를 검투장에 비유했다. "그 싸움에서는 가장 강하고, 가장 빠르고, 가장 교활한 자가 살아남아 또 다시 싸운다. 어차피 살려주는 것이 아니기에 관객은 손가락을 아래로 내려 죽이라고 표시할 필요조차 없다." 헉슬리는 이 논리를 인간사회에 그대로 적용했다. "삶은 자유경쟁의 연속이다. 한정적이고 일시적인 가족관계를 넘어서면 만인에 대한 만인의 경쟁이라는 토머스 홉스의 이론에 따른 투쟁이 존재의 일상상태이다."

홉스가 자연상태에서 벗어나기 위해 국가라는 리바이어던(괴물)을 끌어들였듯이, 헉슬리 역시 문명과 사회의 역사를 이런 야만의 상태에서 벗어나 평화를 확립하기 위한 시도로 봤다.

그러나 헉슬리의 주장에 따르면, 문명은 인류의 "제한되지 않은 번식 때문에 생겨나는 뿌리깊은 충동," 즉 인구증가에 따른 생존투쟁을 극복하지 못했기 때문에 "이제껏 고안됐거나 고안될 가능성이 있는 어떤 사회조직도, 부의 분배에 대한 어떤 야단법석도, 사회가 제한하고자 하

헉슬리는 '다윈의 불독'이 되기를 자처했을 만큼 다윈의 열렬한 지지자였다. 왕립광산학교의 교수였던 헉슬리는 네안데르탈인의 화석을 연구해 다윈이 언급하기 주저했던 '인간의 기원'이라는 문제를 진화론적으로 해석했으나(『자연에서 인간의 위치』, 1863), 말년에는 진화론과 종교의 화해를 모색했다(『진화와 윤리』, 1893).

는 생존경쟁의 극한 형태가 사회 내부에서 재생산되며 사회를 파괴하는 경향으로부터 사회를 구제할 수 없다".

헉슬리는 이런 분석을 통해 냉정한 무한경쟁의 시대에 살아남으려면 두 가지를 지켜야 한다고 주장했다. 하나는 다른 국가와의 생존경쟁에서 살아남으려면 생산물을 더 좋게 만들어야 하므로, "생산비의 큰 요소인 노동비용을 줄이기 위해 임금수준을 일정 한도로 제한"하는 것이다. 또 하나는 "사회의 안정을 혼란에 빠뜨리는 무정부 상태"를 막기 위해 사회적 공공선을 확립하고 교육체계를 개선하는 것이다.

이런 까닭에 크로포트킨은 헉슬리의 생물학적인 관점, 즉 생존경쟁에 따른 자연도태설뿐만 아니라 그런 관점에 기초해 헉슬리가 제시한 사회적 대안까지 동시에 비판해야 했다. 헉슬리와 크로포트킨의 논쟁이

인간 본성을 둘러싼 논쟁의 형태를 취했지만 실제로는 당대의 사회구조가 어떤 형태로 바뀌어야 하는가에 관한 논쟁이었던 이유가 바로 여기에 있다.

사실 헉슬리의 주장은 생존경쟁을 빌미로 영국 자본과 국가의 논리, 즉 임금을 제한하고 사회의 안정성을 확보해야 한다는 논리를 뒷받침했다. 반면에 크로포트킨은 이런 논리에 맞서 국가와 자본의 쓸모없음을, 나아가 그 존재의 해악을 비판하기 위한 근거로 상호부조의 원리를 끌어들였다.

물론 크로포트킨이 자연과 인간사회에서 벌어지는 생존경쟁을 무시한 것은 아

원래 '적자생존'이란 용어는 1864년 영국의 철학자 허버트 스펜서(위 사진)가 만든 용어이다. 무한경쟁이 진보를 가져온다는 스펜서의 사회이론에 다윈의 진화론이 결합되어 나온 이 용어는 헉슬리에게 큰 영향을 끼쳤고, 다윈 역시 『종의 기원』 제5판(1869)에서부터 적자생존이라는 표현을 쓰게 됐다.

니다. 오히려 크로포트킨은 적자생존이 종의 진화에서 주된 역할을 했다는 점을 인정했다. 다만 크로포트킨은 헉슬리 같은 사람들이 진화에서 갈등과 경쟁만을 강조하는 데 반대했다. 왜냐하면 그런 논리는 결과적으로 다른 인종을 착취하는 백인이나 약자를 억압하는 강자의 논리를 정당화하기 때문이다.

크로포트킨은 동물과 인간에게서 나타나는 상호부조와 상호지원을 강조함으로써 생명체들의 평화로운 공존이 가능하다는 점을 증명했다. 그리고 이런 자연스런 본능이 완전히 사라지지 않고 근대사회에도 여전히 실현되고 있다는 점을 강조했다(그 자신이 시베리아와 쥐라산맥에서 서로 보살피는 사회를 직접 목격하지 않았던가). 크로포트킨의 상호

헉슬리가 생존경쟁에 따른 자연도태설로 인간사회의 진화를 설명한 지 10여 년 뒤인 1899년, 영국의 작가 루드야드 키플링은 「백인의 임무」라는 시를 발표했다. 야만상태의 다른 인종을 문명으로 이끄는 것이 '백임의 임무'라고 노래한 이 시는 19세기 말 본격화된 제국주의를 정당화했을 뿐만 아니라 헉슬리의 이론이 어떤 위험한 결론을 낳는지 잘 보여줬다(위 그림은 1899년 미국의 풍자만화가 빅터 길램이 「백인의 임무 : 키플링을 위한 변명」이라는 제목으로 발표한 것이다. 당시 제국주의적 침탈에 앞장섰던 영국과 미국이 '야만인들'을 등에 엎고 문명의 장애물인 야만, 억압, 무지, 미신, 악, 잔혹함, 노예근성, 식인주의 등을 상징하는 바위돌을 헤쳐나가고 있다).

## 책의 개요

『상호부조론』은 협력과 연대에 기초한 상호부조가 동물의 세계와 인류의 문명을 이끌어온 힘이라는 점을, 그 힘은 소수의 엘리트들이 아니라 평범한 사람들에게서 나온다는 점을 동물학, 인류학, 역사학에 관한 해박한 지식을 바탕으로 증명한 책이다. 크로포트킨이 맑스와 다윈의 이론을 거스르며 발전시킨 이 독창적인 이론은 동물과 인간의 사회성을 강조하며 훗날 노동생산물뿐만 아니라 지식의 공동소유까지 주장하는 아나코-코뮨주의로 이론화될 것이었다. 앞서도 말했듯이, 크로포트킨은 자연계 일반의 상호부조보다는 상호부조가 인간의 진화에서 차지하는 중요성을 증명하려 했다. 크로포트킨이 주장한 상호부조는 단순히 사랑이나 동정심 같은 감정의 문제가 아니라 사회성이라는 연대의식을 뜻한다. 이 연대의식은 "상호부조를 실천하면서 각 개인이 빌린 힘을 무의식적으로 인정하는 것이며, 각자의 행복이 모두의 행복에 밀접하게 의존하고 있다는 점을 무의식적으로 받아들이는 것이다. 그리고 각 인간마다 자기 자신뿐만 아니라 다른 모든 사람들의 권리도 존중해 주는 의식, 즉 정의감이나 평등의식을 무의식적으로 인정하는 것이다".

어떤 면에서 『상호부조론』은 인간사회의 긍정적인 면에 주목해 이기심처럼 부정적인 면을 무시한 듯이 보일 수도 있다. 그러나 크로포트킨은 지나치게 인간사회의 한쪽 면만을, 무자비한 생존경쟁만을 강조하는 경향에 맞서 "동물과 인간의 삶을 전혀 다른 방향에서 보여주는 사실들을 폭넓게 취해 최근의 통설에 반박할 필요가 있다"고 봤다.

다시 한번 강조하건대, 크로포트킨은 생존경쟁이 없다고 주장한 것이 아니라 생존경쟁 이외에도 상호부조라는 원리가 존재한다고 주장했던 것이다. "모두에 맞선 각자의 전쟁은 자연의 유일한 법칙이 아니다. 상호투쟁만큼이나 상호부조 역시 자연의 법칙이다." 게다가 크로포트킨은 인간사회에서 상호부조가 형성되는 과정뿐만 아니라 상호부조가 붕괴되는 과정까지 꼼꼼히 추적했다. 생존본능과 아울러 의식을 지닌 존재인 인간은 어떤 사회에서 생활하는가에 따라 다른 진화의 길을 걷기 때문이다. 우리는 이 점에서도 크로포트킨이 공허한 몽상가가 아니라 현실적인 혁명가였다는 점을 알 수 있다.

# 1914년판 서문

지금의 전쟁(제1차 세계대전)이 터지자마자 유럽은 거의 모두 참혹한 투쟁에 휘말렸다. 이 투쟁 탓에 독일에게 침공당한 벨기에나 프랑스 등지에서는 역사상 유례없을 만큼 민간인들이 대량학살되고 시민들이 생활 수단을 약탈당하고 있다. 그리고 이런 참상을 변명할 구실을 찾으려 했던 사람들에게는 '생존경쟁'이라는 용어야말로 안성맞춤이 됐다.

『타임』에는 이런 설명방식이 다윈의 용어를 남용하는 것이라는 반박 편지가 실린 바 있다. 그런 설명은 ('생존경쟁'을 '권력의지'와 연결짓고, '적자생존'을 '초인'과 연결짓는 식으로) "다윈의 이론을 천박하고 통속적으로 오해해 생긴 잘못된 개념을 철학과 정치학에 적용한 것에 불과하다"는 것이었다. 그리고 이 편지는 "생물학적이고 사회적인 진보를 억압적인 폭력이나 교활함이 아니라 상호협동의 관점에서 해석한" 영어 저작도 있다고 덧붙였다.

이 책의 초판이 출간된 지도 벌써 12년이 흘렀다. 그동안 이 책의 핵심사상, 즉 상호부조야말로 진화를 진전시키는 대표 요인이라는 사상이 생물학자들 사이에서 인식되기 시작했다. 진화라는 주제로 유럽에서 발표된 최근의 주요 저작들은 대부분 생존경쟁에서 나타나는 두 가지 양상을 구분해야 한다고 지적하고 있다. 첫번째는 외부적인 전쟁으로,

이는 혹독한 자연조건에 대한 투쟁이나 경쟁관계에 있는 다른 종에 맞서 벌이는 투쟁을 말한다. 두번째는 내적인 전쟁으로, 이는 같은 종 내에서 생존수단을 놓고 벌이는 투쟁을 가리킨다. 또한 생물학자들은 진화에서 벌어지는 내적인 전쟁의 범위나 중요성이 모두 과장됐다고 지적했는데, 이는 다윈 자신도 상당히 뼈아프게 인정한 부분이기도 하다. 반면에 종의 번영을 성취하는 데 동물들의 사회성이나 사회적 본능이 중요한 역할을 한다는 사실은 다윈도 이미 인정한 바가 있지만, 오히려 그의 뜻과는 달리 과소평가됐다.

그러나 동물들 간의 상호부조와 지원의 중요성이 현재의 사상가들 사이에서 인정받기 시작한 것과는 달리, 내가 주장한 테제의 두번째 부분, 즉 인간의 역사에서도 상호부조와 지원이 사회제도의 점진적 발전에 중요한 역할을 한다는 점은 여전히 인정받지 못하고 있다.

당대의 사상을 이끄는 사람들은 인간사회 제도의 진화에 대중이 별반 관심을 쏟지 않기 때문에, 인간사회 제도의 진보를 이끈 것은 이처럼 타성에 찌든 대중의 정신적·정치적·군사적 지도자들이라는 주장을 아직까지도 고집하는 경향이 있다.

그러나 유럽의 문명국들 대부분이 전쟁의 현실뿐만 아니라 전쟁이 일상생활에 미치는 수많은 부수적 영향까지 뼈저리게 절감하게 만든 지금의 전쟁은 틀림없이 현재의 학설들을 변모시킬 것이다. 그리고 한 국가가 역사적 고난의 순간을 헤치고 살아남을 때마다 인민 대중의 창조적이고 건설적인 정신이 얼마나 요구되는지를 여실히 보여줄 것이다.

이번 전쟁의 참화를 준비하고 저 야만적인 전쟁수단을 고안해낸 것은 유럽 각국의 대중이 아니라 그들의 통치자들이고, 정신적인 지도자들이었다. 인민 대중은 현재 자행되고 있는 살육행위의 준비과정이나 전쟁수단의 고안과정에서 발언권을 행사할 만한 위치에 있어본 적이 없다. 이런 살육행위와 전쟁기술은 인류가 남긴 최고의 유산으로 자부해 온 바를 완전히 무시하는 것들이다.

만일 인류의 유산이 완전히 파괴되어 버리지 않는다면, 그리고 이 '문명화된' 전쟁 동안 자행되는 숱한 범죄에도 인간의 연대에 관한 가르침과 전통이 끝내 현재의 시련을 온전히 견뎌낼 것이라고 여전히 확신할 수 있다면, 그것은 위로부터 조직된 이 멸절의 현장 곁에서도, 내가 이 책의 인간 관련 부분에서 충분히 언급한 자발적인 상호부조의 수없이 많은 사례들을 목격할 수 있기 때문일 것이다.

독일과 오스트리아의 전쟁포로들이 키예프의 거리를 지친 모습으로 터벅터벅 걸어가고 있을 때 이들을 본 러시아 농촌 여인들은 그들의 손에 빵이나 사과, 때로는 동전까지 건네준 바 있다. 수많은 러시아 남녀들은 적과 동지, 장교와 사병 등을 가리지 않고 다친 자들을 돌봐줬다. 전쟁이 벌어졌는데도 마을을 떠나지 못한 프랑스와 러시아의 늙은 농민들은 민회를 열어 '그곳' [전쟁터]에 나간 사람들의 논밭을 경작해주기로 결정하고는 적의 포화를 무릅쓰며 쟁기질을 하고 씨를 뿌렸다. 프랑스에서는 협동취사장과 공산당원 식당이 전국에 생겨났다. 영국과 미국은 전쟁이 시작되자마자 자발적으로 벨기에에 원조를 제공했고, 러시아 인민들은 국토를 유린당한 폴란드인들에게 원조를 제공했다. 벨기에와 폴란드를 돕기 위해 벌어진 이 운동에서는 무보수로 참여한 사람들의 자발적 행동과 에너지가 엄청난 힘을 발휘했다. 즉, '자선행위'의 속성이 사라진 순수한 이웃돕기가 이뤄진 것이다. 지금까지 열거한 것과 비슷한 일들은 다른 곳에서도 수없이 일어났다. 이는 새로운 생활방식의 씨앗이다. 이런 경험들은 마치 인류의 초기 단계에서부터 발휘된 상호부조가 오늘날 문명화된 사회의 가장 진보적인 제도들을 낳은 것과 마찬가지로 새로운 제도들을 이끌어낼 것이다.

부디 독지들께 바라건대 이 책 중 원시시대와 중세시대의 상호부조에 대해 서술한 부분을 주목해 주셨으면 한다.

나는 세계를 비참함과 고통으로 몰아넣은 이 전쟁의 와중에서도 인간에게는 건설적인 힘이 작동한다고 믿을 만한 여지가 있으며, 그런 힘이 발휘되어 인간과 인간, 나아가 민족과 민족 사이에 더 나은 이해가 증진될 것이라고 진심으로 희망한다.

1914년 11월 24일, 브라이턴
표트르 크로포트킨

## 경쟁은 자연의 철칙이 아니다

『상호부조론』은 『종의 기원』을 재해석하는 것으로 시작된다. 다윈은 『종의 기원』에서 개체들 간의 생존경쟁만이 아니라 협동과 도움이 최상의 생존조건을 확보케 해준다고 봤다. 다만 그런 주장을 뒷받침할 현실의 사례들을 많이 제시하지 않았고 추가적인 책을 내지 않았을 뿐이다. 그런데도 다윈의 추종자들은 다윈의 이론을 보완하고 확장시키는 것이 아니라 오히려 이론의 폭을 축소시켜 생존경쟁만을 강조했다. 게다가 더욱 나쁘게도 이들은 "개인의 이익을 위한 '무자비한' 투쟁을 인간도 따를 수밖에 없는 생물학 원리로까지 끌어올렸다".

특히 이와 같은 경향의 대표격이었던 헉슬리는 동일한 종의 개체들이 벌이는 경쟁이 자연의 법칙이라고 주장하는 데 그치지 않고 경쟁이 진보를 이끄는 힘이라고까지 주장했다. 헉슬리에게는 만인이 만인에 맞서 전쟁을 벌이는 홉스의 자연상태야말로 곧 인간의 현실이었다. 크로포트킨은 이런 주장에 맞서 만물은 서로 돕는다고 주장했다. "진화의 한 요인인 상호부조는 어떤 개체가 최소한의 에너지를 소비하면서도 최대한 행복하고 즐겁게 살 수 있게 해준다. 게다가 종이 유지되고 더 발전하도록 보증해 주면서 그런 습성과 성격을 발전시키기 때문에 어쩌면 상호투쟁보다 더욱 중요할 수도 있다."

크로포트킨은 바로 이 점을 케슬러에게서 배웠다. 케슬러의 주장에 따르면 "모든 유기체들은 두 가지 욕구, 즉 영양섭취의 욕구와 종족번식의 욕구를 지닌다. 영양섭취의 욕구는 유기체로 하여금 서로 투쟁하고 말살하게 만드는 반면, 종족유지의 욕구는 유기체로 하여금 서로 접근하고 지원하도록 한다. 유기적 세계가 진화하는 데, 즉 유기체의 점

크로포트킨의 설명에 따르면 먹이를 충분히 먹은 개미는 배고픈 동료가 요청할 경우 자신이 먹은 음식을 게워내 주기도 한다. 만약 이 요청을 거부하면, 그 개미는 적보다 더 나쁘게 취급된다. 의태(擬態) 같은 보호기능을 갖지 못한 꿀벌(오른쪽)도 분업으로 개체들의 힘을 증폭시켜 종의 멸종을 피하고 복지와 안전을 획득한다.

진적 변화에 있어서 개체들 사이의 상호지원이야말로 상호투쟁보다 훨씬 더 중요한 역할을 한다".

케슬러를 좇아서 크로포트킨도 가장 하등한 동물들이 서로 도우면서 생활하는 많은 사례를 찾을 수 있다고 주장했다. 메뚜기, 나비, 매미, 개미, 꿀벌 등 수많은 곤충들을 관찰하면 상호투쟁의 사례보다 서로 돕는 사례가 더 많이 나타난다. 예를 들어 개미집을 들여다보면 일과 번식에 관련된 모든 작업, 즉 자손 부양, 식량 구하기, 집짓기, 진딧물 키우기 등이 자발적인 상호부조의 원리에 따라 이뤄짐을 알 수 있다.

만일 우리가 개미나 흰개미에 대해 알고 있는 것 외에 다른 동물에 대해 아무런 사실도 알고 있지 않았다면 당장이라도 (용기를 얻는 첫번째 조건, 즉 상호신뢰를 가져오는) 상호부조와 개체의 독창성(지적 진보의 첫번째 조건)이야말로 동물계의 진화에서 상호투쟁보다 엄청나게 중요한 두 요인이라고 틀림없이 결론지을 수도 있었을 것이다.

사회성이 강하기로 유명한 조류 중의 하나는 흰꼬리독수리이다. 러시아 스텝지대의 동물군을 연구한 니콜라이 스예베르초프가 관찰한 바에 따르면, 흰꼬리독수리들은 먹이를 발견할 경우 서로 신호를 보내 함께 사냥할 뿐만 아니라 먹이를 먹는 동안에도 동료들을 위해 몇 마리(특히 어린 독수리)가 주변의 망을 보곤 한다.

확실히 동물들은 서로 싸우기도 한다. 그러나 크로포트킨이 주목한 것은 싸우려고 하는 속성보다 서로 돕는 속성이 더 강하다는 점이었다. 실제로 크로포트킨은 다양한 사례를 통해 군집을 통한 상호의존을 증명했다. 흰꼬리독수리, 제비갈매기, 검은머리물떼새, 꼬까도요, 동고비 같은 조류들을 관찰해 보면 수많은 상호의존 사례가 나타난다. 이와 마찬가지로 바다코끼리, 물범, 고래, 야생 말, 야생 당나귀, 야생 양, 늑대, 북극여우 같은 포유류에서도, 다람쥐나 쥐 같은 설치류에서도 상호의존의 수많은 사례들을 찾아볼 수 있다.

게다가 크로포트킨은 우리의 상식과 달리 약탈하고 싸우는 개체들보다 연대하고 서로 돕는 개체들이 자연선택에서 더 잘 살아남는다고 주장했다. "민첩성, 보호색, 영악함, 배고픔이나 추위를 견디는 능력 등

몸길이가 3m에 달하는 바다코끼리들도 개체수가 수십만에 이르는 사회나 집단을 이루어 살아간다. 특히 바다코끼리들의 사회성은 어미와 새끼에게서 잘 관찰된다. 어미는 태어난 새끼를 약 2년간 수유해 기르는 동안 항상 새끼와 생활을 함께 하는데, 이런 유대감은 같은 기각류인 강치나 바다표범에 비해서도 아주 유별나다고 할 수 있다.

이 개체나 종들을 어떤 주어진 환경 아래에서 최적으로 만든다는 점을 전적으로 인정하더라도 사회성은 어떤 환경 아래에서도 생존경쟁에 발휘되는 가장 강력한 이점이다." 요컨대 사회성을 갖춘다면 설사 열등한 동물이라 하더라도 살아남을 수 있는 확률이 더욱 커진다는 것이다. 그러므로 사회성은 약자가 살아남을 수 있는 효과적인 방식이다.

이런 사회성은 고등동물일수록 더욱 강하게 나타난다. "사회생활은 철칙이자 자연의 법칙이며, 더욱 고등한 척추동물들에게서 가장 완전하게 발달하게 된다. 고립되어 살아가거나 작은 가족 단위로만 살아가는 종들은 상대적으로 소수이고 숫자도 한정되어 있다." 이 대목에서 크로포트킨은 중요한 주장을 한다. 진화의 단계가 올라가면 이런 사회적인 군집생활이 "단순한 본능에 따르지 않고 이성에 의해 이뤄진다"는 것이다. 그리고 이런 욕구와 필요에 따라 사회가 구성될 때 그 사회는 "집단생활의 이점을 잃지 않으면서도 개체의 독립성을 더욱 보장해 준다". 따라서 "사회생활은 모든 부류에서, 그리고 무한한 개체의 다양성과 고유한 특성과 더불어 나타난다."

따라서 크로포트킨이 주장하는 사회성과 연대는 단순히 생존을 위한 수단적 가치만을 갖지 않는다. 사회성은 "실용적인 목적 이외에도 춤이나 노래와 같이 넘치는 활력, 즉 단순히 '삶의 즐거움'을 표출하는 수단이거나, 이러저러한 방식으로 같은 종이나 다른 종의 개체들과 의사소통하려는 욕망의 소산일 수도 있다". 크로포트킨은 인간이야말로 이런 사회성을 가장 잘 증명한다고 주장한다. 인간은 지적 능력을 통해 생존경쟁에서 살아남았는데, 바로 이 지능이 사회적인 능력이라는 것이다. 왜냐하면 "지능 발달에 필요한 여러 요소에는 언어, 모방, 축적된 경험 등이 포함"되는데 이런 요소는 결코 한 개인의 노력만으로 얻을 수 없는 사회적인 것이기 때문이다.

크로포트킨은 사회성에 주목하면서도 삶이 투쟁이라는 점을, 그런 투쟁에 적응한 자만이 살아남는다는 점을 부인하지 않는다. 다만 크로포트킨은 "이런 투쟁이 어떤 무기로 수행되는가?" "이런 투쟁에서 누가 최적자인가?" "같은 종 내에서 경쟁이 어느 정도까지 벌어지는가?"라고 질문할 뿐이다. 즉, 모든 생명체는 개별적인 개체들로서만 경쟁을 벌이는가, 같은 종 내에서도 피비린내 나는 생존경쟁이 필연적인가?

크로포트킨은 치열한 생존경쟁으로 중간 변종이 멸종한다는 다윈의 가정을 비판하면서 종의 멸종은 드문 일일 뿐만 아니라, 생존경쟁이 벌어진다 하더라도 "환경에 새롭게 적응하게 되면 경쟁은 완화된다"고 주장한다. 경쟁은 개체의 본성이 아니라 그 개체가 살아가는 지역의 상황에 따라 결정될 뿐이다. 크로포트킨이 개체의 수가 줄어드는 현상의 원인을 본능적인 적자생존보다 "과잉번식을 억제하는 자연의 작용"에서 찾는 이유가 여기에 있다. 따라서 동물들의 상호부조에 관한 크로포트킨의 설명은 다음과 같이 정리될 수 있을 것이다.

> 매우 다행히도 경쟁은 동물에게도 인간에게도 철칙이 될 수 없다. 동물들 사이에서 경쟁은 예외적인 시기로 제한되고, 자연선택은 그 원리가 발현되기에 더 좋은 분야를 찾게 된다. 상호부조와 상호지지를 통해서 경쟁이 제거되면 더 좋은 조건들이 창출된다. 엄청난 생존경쟁 속에서 (최소한의 에너지 소비로 가능한 최대한도로 생의 충만함과 강렬함을 추구하기 위해) 자연선택은 지속적으로 가능한 한 경쟁을 피하는 방법을 추구한다.

## 원시부족의 포틀래취

크로포트킨은 인간의 자연상태를 전쟁상태라고 봤던 홉스를 비판하면서 원시사회의 상호부조에 관한 설명을 시작한다. 크로포트킨은 홉스(그리고 헉슬리) 같은 사람들이 "자신들의 제한적인 경험을 통해서 다소간 피상적으로 인간을 파악했다"고 비판한다. 특히 크로포트킨은 원시사회에서 소가족들이 뿔뿔이 흩어져 생활했다는 가정이야말로 전혀 역사적인 근거가 없는 주장이라고 비판한다. "가족은 원시적인 조직형태가 아니라 인간의 진화과정에서 아주 최근에 나타난 산물이다. 선사인종학을 통해 가능한 한 멀리 인류의 역사를 거슬러 올라가 보면 인간은

인간의 자연상태는 전쟁상태라고 주장했던 홉스(왼쪽)의 주장을 반박하기 위해서, 크로포트킨은 다양한 인류학 성과를 섭렵했다. 특히 미국의 인류학자 루이스 모건(오른쪽)의 『고대사회』(1877)는 원시부족의 구성원들이 모두 자유민으로서 평등한 입장에 있었고, 원시사회가 아직 가족이 등장하지 않은 모계제 사회였음을 밝힌 중요한 자료였다.

가장 고등한 포유류의 군집과 유사한 종족형태로 군집을 이루며 살았음을 알게 된다." 즉, 최초의 사회형태는 가족이 아니라 무리였다. 크로포트킨은 유럽, 아시아, 아메리카 각지의 신석기 유적지, 그리고 19세기까지 남아 있던 여러 소수 부족이나 야만인들에게서 그런 무리의 흔적을 발견할 수 있다고 주장한다.

윤리를 중시했던 크로포트킨은 군집생활이 주를 이룬다 해서 원시사회가 완전히 자유로운 성관계에 기반해 있었다고 보지 않는다. "이런 조직에서 살 수 있고 개인적인 욕망과 끊임없이 상충되는 규칙에 거리낌없이 복종할 수 있는 야만인은 윤리적인 원칙이 결여되어 자신의 격정을 지배할 줄 모르는 짐승"과 달랐기 때문이다. 야만인은 씨족의 규율을 따랐고, 그 규율이 잘 유지됐기에 씨족은 수만 년 동안 지속될 수 있

시베리아 서부와 우랄 지방에 널리 분포해 있는 오스탸크족(한티족이라고도 불린다)은 유럽의 최고 인류학자들이 "가장 친절하고 가장 점잖은 인종"이라고 묘사한 원시부족 중의 하나였다. 크로포트킨은 이런 원시부족의 사례를 들어 "자기만의 힘과 교활함을 이용하는 개인들이 무질서하게 모인 집단으로 원시인들을 묘사"하는 통념을 반박했다.

었다. 그래서 크로포트킨은 원시인들이 개인적인 욕구를 충족시키기 위해 싸웠다는 주장을 비판하면서 일침을 가한다. "절제되지 않은 개인주의는 근대의 산물이지 원시인들의 특징은 아니다." 유럽인의 침략을 받을 때까지 아프리카의 부시맨이나 호텐토트족 등은 사회성에 기초한 씨족생활을 하고 있었다. 그리고 서구인들에게 식인종으로 알려진 야만인들조차도 원시공산제 아래에서 우두머리 없이 잘 살고 있었다.

이들의 마을에서는 이렇다 할 만한 어떤 분쟁도 일어나지 않는다. 그들은 공동으로 아이들을 키우고, 밤이면 될 수 있는 한 화려하게 치장하고 춤을 춘다. …… 각 마을마다 바를라(barla ; 긴 집) 또는 발라이(balai ; 큰 집)라는 미혼 남자들을 위한 장소가 있어 사교적인 모임을

크로포트킨이 공산제를 기반으로 삶을 꾸려나간("높은 도덕적 수준"을 지닌) 대표적인 원시부족으로 꼽은 에스키모족의 모습. 에스키모족은 사냥이나 낚시를 해서 얻은 것을 개인이 아니라 씨족의 소유로 만들었고, 부의 집중을 막는 자기들 나름대로의 분배방식을 갖추고 있었다. 크로포트킨은 에스키모족의 이런 분배방식이 "최초로 개인적인 부가 출현함과 동시에 나타난 매우 오래된 제도"라고 이해했다.

갖고 공동의 관심사를 논의하는 데 사용된다. …… 불행히도 불화가 심심찮게 일어나지만, 그 이유는 '지역의 인구과잉'이나 '극심한 경쟁' 같은 상업시대의 산물 때문이 아니라 주로 미신 때문이다.

원시사회의 상호부조를 설명하면서 크로포트킨은 에스키모들의 포틀래취를 언급한다. 에스키모들은 공산제를 기반으로 했지만 유럽의 영향을 받은 몇몇 에스키모들은 사적인 소유를 인정했다. 하지만 지나친 부의 축적이 부족의 단합을 깨뜨릴 수 있다고 생각했기 때문에 그런 부작용을 방지할 방법으로 포틀래취를 시행했다. "어떤 사람이 부자가 되면 씨족사람들을 성대한 잔치에 불러모아 실컷 먹인 다음에 전 재산을 모두에게 나눠준다. …… 그런 후에 잔치 때 입었던 옷을 벗고 오래되고 낡은 털옷으로 갈아입고는 누구보다도 가난해졌지만 우정을 얻게 됐다고 친족들에게 말한다." 크로포트킨은 이런 포틀래취가 "소수가 부를 독점하면서 혼란을 겪은 이후에 씨족의 구성원들 사이에 평등을 재건하기 위한 수단"으로 등장했으리라 가정한다.

흔히 오해되듯이 크로포트킨이 원시사회를 무조건 찬양하거나 이상적으로만 묘사한 것은 아니다. 크로포트킨은 그런 순진하고 평화로운 야만인들이 유아를 살해하고 노인들을 버리고 피의 복수를 저지르는 경우도 있다는 점을 지적한다. 그러나 크로포트킨은 이런 일탈현상을 동물들의 세계에서처럼 과잉번식을 제한하기 위한 수단이라고 봤다. 그래서 이런 야만성을 옹호하지는 않았지만 "유아살해를 유지하는 까닭은 잔인해서가 아니라 무지해서"라고 봤으며, 노인을 버리는 것도 타인이나 공동체에게 짐이 되길 꺼리는 노인 스스로의 선택이라고 봤다.

그런 점에서 크로포트킨은 "이런 사례들이 원시부족의 높은 도덕성과 양립할 수 있다"고 주장한다. 다만 서로가 다른 문화 속에서 살아왔기에 서로를 이해하지 못할 뿐이다. 식인풍습이나 피의 복수라는 관습도 개인적인 복수심보다 종족에 대한 도덕적 의무감 때문에 발생하는 경우가 많았고, 더구나 이런 관습은 아주 예외적으로만 실행됐다. 한마디로 "야만인들은 미덕의 전형도 아니지만, '포악함'의 전형도 아니"라는 것이 크로포트킨의 주장인 것이다.

크로포트킨은 원시사회의 씨족공동체가 독립된 가족과 사유재산의 출현으로 위기를 맞았지만, 부족의 통일성을 유지하기 위한 여러 제도들(가령 포틀래취)이 고안되어 상호부조를 유지했다고 봤다. 또한 사

원시부족의 평화로운 삶은 더 높은 문명단계가 도래하자 갑자기 붕괴된 듯하다. 도대체 무슨 일이 벌어졌던 것일까? 크로포트킨이 제일 먼저 꼽은 이유는 기존의 씨족연합을 서서히 대체해 갔던 가부장적 가족의 등장이었다. 가부장적 가족의 등장은 오늘날과 같은 의미에서의 '고립된 개인'이 씨족사회에서도 등장하도록 강제했다(위 사진은 1923년 미국의 사진작가 에드워드 커티스가 찍은 아메리카인디언 호파족의 모습).

제나 무사계급의 권력이 형성되고 전쟁이 벌어지곤 했지만 "인간의 삶에서 어떤 시기에도 전쟁이 정상상태인 적은 없었다"고 봤다. 심지어 "형평성, 상호부조, 상호지지 등의 개념은 대중이 자신들의 사회조직을 유지하는 수단으로 작용해 왔고, 이는 포악한 신정제나 독재정치에 복종하고 있을 때조차 발휘"됐다는 것이 크로포트킨의 주장이다.

## 씨족사회에서 촌락공동체로

씨족의 단계를 지나 역사 시기(고대 이집트, 그리스, 로마 등)로 오면서 인류는 격렬한 분쟁에 빠져든 듯하다. 인류 역사를 살펴보면 이 시기에 과거의 결속은 무너지고 씨족간·개인간 분쟁이 격화됐기 때문이다. 그러나 크로포트킨은 이런 역사기록이 과장됐다고 봤다. "역사 속의 유난히 극적인 양상을 편애하는 점을 차치하더라도 대부분의 역사가들은 인간의 삶을 투쟁일변도로 과장하고, 평화로운 분위기를 폄훼하는 문헌들을 연구한다. 맑고 빛나는 날들은 강풍과 폭풍에 가려진다." 즉, 역사가들은 예외적인 전쟁상태만을 기록했지 평화롭게 자신의 생업에 종사하던 "대중의 삶에는 아무런 관심을 기울이지 않았다"는 것이다.

크로포트킨은 이런 역사가들에게 맞서 인류의 일상사는 전쟁이 아니라 평화였다고 주장한다. 가령 미개인들이 아시아에서 유럽으로 대이동을 한 이유는 정복욕 때문이 아니라 자연환경의 변화, 즉 건조현상과 물 부족 때문이라는 것이다. 그리고 여러 종족들이 뒤섞이게 된 이런 이동과정에서조차 과거의 "제도들은 파괴되지 않았고 새로운 생존 조건이 요구하는 대로 약간 수정됐을 뿐"이라고 말한다. 즉, 공동체의 상호부조적인 성격은 계속 유지된 것이다.

원시부족들은 가부장적 가족의 출현 이후에도 포틀래취의 전통을 이어가거나(북아메리카의 경우, 포틀래취는 캐나다와 미국 정부가 "자국의 노동윤리에 어긋난다"는 이유로 1850년대경 금지령을 내린 뒤에도 지속됐다), 촌락공동체를 발전시키는 식으로 공동체의 전통을 유지했다(위 사진은 포틀래치로 나눠줄 담요 옆에서 연설 중인 콰키우틀 추장의 대변인이다).

한편 결정적인 변화도 발생했는데 독립된 가부장적 가족의 출현이 그것이다. 가부장적 가족의 출현은 이미 씨족사회 내부에서 느리게 진행되어 오던 변화로 "부와 권력이 개인에게 축적되거나 세습 이양됐다는 사실"을 의미한다. 더구나 "빈번한 이주와 그에 따른 전쟁 탓에 미개인의 씨족사회는 독립된 가족으로 빠르게 분리됐다". 이 와중에 대부분의 부족들은 사라져 버렸지만 강력한 부족들은 살아남아 촌락공동체로 변신했다. "이와 함께 공동의 노력을 통해 전유되고 보호되는 공동영토라는 개념이 생겨나 사라져가는 공동세습 개념을 대체했다."

크로포트킨은 실제로 유럽, 아프리카, 아시아 등지에서 크고 작은 여러 촌락공동체가 발견되기 때문에 "어떤 인종이나 국가도 촌락공동

크로포트킨은 촌락공동체의 생활양식을 가장 잘 보여주는 예로 카바일족을 들었다. 알제리와 튀니지에 사는 카바일족은 타다르트라는 촌락공동체를 꾸려나갔는데, 타다르트 최고의 권위기구는 젬마라는 민회였다. 젬마에서는 모든 사안을 참석한 사람들 모두의 만장일치가 이뤄질 때에만 결정했다(위 그림은 1886년에 그려진 카바일족 여성들의 모습이다).

체 시기를 반드시 거쳤다"고 봤다. 그리고 이런 "촌락공동체는 가족의 울타리 안에서 벌어지고 있는 일에 대해서 간섭할 권리를 전부 포기했고 개인의 독창성을 훨씬 더 많이 발휘하도록 자유를 부여했다".

특히 크로포트킨은 유럽의 촌락공동체를 분석하면서 "촌락공동체는 농노제보다 먼저 나타났고 농노제가 받아들여지더라도 촌락공동체를 깨뜨리기에는 역부족"이라고 주장한다. 이처럼 크로포트킨은 농노제라는 노예제 사회와 자율적인 촌락공동체를 분명하게 구분한다(이런 구분을 통해 촌락공동체는 자유로운 사회의 밑거름이 된다).

그런데 촌락공동체는 씨족과 달리 가축이나 무기, 주택 등의 사적소유를 인정했다. 그러나 "촌락공동체에서 땅의 사적소유는 어떤 식으

1세기경 모습을 드러낸 촌락공동체는 그 뒤 15세기 또는 그 이상 유지됐다. 가령 프랑스에서는 루이 16세의 재정총 감 안느-로베르-자크 튀르고가 1770년대경 "너무 시끄럽다"는 이유로 민회를 폐지하기 전까지 촌락공동체가 농지의 공동소유와 공동분배를 관장했다(위 그림은 1680년 네덜란드의 화가 코르넬리스 뒤사르트가 그린 「촌락풍경」이다).

로도 인정되지 않았고, 그럴 수도 없었으며, 지금도 대체로 인정되지 않는다". 물론 로마법과 기독교 교회의 영향을 받으면서 땅의 사적소유에 대한 정당화가 조금씩 확산되기 시작했다. 그러나 크로포트킨은 촌락공동체가 이런 사적소유의 확산을 통제하는 역할을 했다고 봤다. 그것은 촌락공동체의 사회적 기능과도 연관된다.

사람들에게 촌락공동체는 단순히 생존만을 위한 도구가 아니었다. 촌락공동체는 공동경작이나 여러 가지 형태로 가능한 상호지지, 폭력으로부터의 보호, 지식이나 인종간의 결속, 그리고 도덕 개념을 발전시키기 위한 연합이었다. 그리고 사법적, 군사적, 교육적, 경제적 양식이 변경될 때마다 촌락, 부족 또는 동맹의 민회가 결정을 내려야 했다. 사실상 "촌락공동체는 혼란스러운 시기에 쉽게 발전할 수 있었던 가장 교활한 것들과 가장 강한 것들의 압제에 대항하는 동맹이었다".

특히 민회는 촌락공동체에서 가장 강력한 권위를 가지고 있었다. 크로포트킨은 민회의 중요성을 강조하면서 촌락공동체 내에서 민주적인 의사소통이 이뤄졌을 뿐만 아니라 언제나 공동으로 의사결정이 이뤄졌다는 점을 강조한다(민회의 중요성은 아나코-코뮌주의의 밑거름이 된다). 요컨대 씨족사회의 혈족에 의한 통합은 촌락공동체의 지역에 의한 통합으로 대체됐다.

씨족사회와 달리 촌락공동체에서 공동체가 함께 경작하는 것은 꼭 공동소비를 뜻하진 않았다. "대체로 공동으로 재배된 식량조차도 그 일부를 공동의 사용분으로 창고에 저장한 다음에 각 가정이 나눠갖는다." 이는 훗날 크로포트킨이 제시하는 미래사회의 분배원리, 즉 "능력에 따라 일하고 필요에 따라 가져간다"는 원리의 밑거름이 된다.

크로포트킨의 설명에 따르면, 촌락공동체의 범위는 점차 확대됐다. "부족들은 종족으로 연합될 뿐만 아니라 혈통이 다른 종족과도 연합으로 결합된다." 이런 과정이 전쟁을 불러오기도 했지만, 부족들이 "일단 정착을 하게 되면 자신들의 전쟁습관을 아주 빠르게 버린다." 물론 정착이 이뤄지면서 촌민들은 미래의 침략자들로부터 스스로를 보호하기 위해 전사집단을 부양하게 됐다. 그러나 역설적으로 "전사라는 직업이 특화된 것은 평화를 지향하는 인간의 특성 때문이다". 즉, 대다수 인간은 "전쟁보다는 평화로운 노력을 선호"하기 때문에 전쟁을 전담하는 사람들이 출현했다는 것이다. 크로포트킨은 촌락공동체에 관한 설명을 이렇게 끝맺는다.

인류는 놀라울 정도로 유사한 진화의 과정을 동일하게 겪었다. 안으로는 독립된 가족으로부터, 밖으로는 이주해온 외부인들을 재편하고 다른 혈통의 외부인들을 받아들여야 하는 이유로 씨족조직이 위협받고 있을 때 지역적인 개념을 바탕으로 하는 촌락공동체가 나타나게 됐다. 이전의 형태(씨족)에서 자연스럽게 발전하게 된 이 새로운 제도 덕분에 미개인들은 역사상 가장 혼란스러운 시기에 독립된 가족으로 분열되지 않고 생존경쟁에서 살아남을 수 있었다. 새로운 조직에서 새로운 형태의 문화가 발전했다. …… 인류의 2/3 이상이 여전히 일상생활의 법칙으로 삼고 있는 관습법은 부의 사적인 축적이 쉬워지면서 권력을 얻게 된 소수가 다수를 압제하지 못하게 막는 관습 체계와 조직으로 만들어졌다. 이런 현상은 상호지지를 옹호하는 다수의 성향이 선택한 새로운 형태였다. 그리고 새롭게 나타난 대중적인 조직형태 아래 인류는 경제적·지적·도덕적으로 매우 커다란 진보를 이뤄냈다.

## 중세도시의 이중원리

흥미롭게도 크로포트킨은 억압적인 사회구조 역시 인간의 사회성에서 출현했다고 봤다. 앞서 얘기했듯이 인간은 천성적으로 싸움을 싫어하고 평화를 선호하기 때문에 전사집단을 양성했다. 그런데 전사집단이 땅에

프랑스의 작가 장 프루아사르의 『연대기』 1권(1377)에 수록된 이 삽화는 촌락공동체의 필요로 생겨난 전사집단이 오히려 치안불안의 원인이 되어 가는 상황을 묘사하고 있다. 결국 폐해가 극심해지자 1000년경 각지의 교회와 영주들은 전사집단의 행동을 제한하는 '신의 평화' 협정을 체결하려고 했다. 그러나 이 조치는 너무 늦은 것이었다.

정착할 수 있도록 돕고 외부의 침입을 막아주기 때문에 농부들은 전사집단에 종속될 수밖에 없었다. 그리고 전사집단은 농부들에게 거둬들이는 세금으로 부를 축적하고 권력을 강화시켰다. 더 중요한 것은 부와 군사력만이 아니라 바로 법과 권리인데, 역설적이게도 이 또한 "평화를 유지하고 정의를 확립하려는 대중의 욕망"에서 출현했다. 즉, 평화를 갈망하는 대중의 욕망이 분쟁을 막을 조정자를 찾게 됐고 교회나 영주에게 자신을 위탁하게 됐다는 것이다.

그러나 크로포트킨은 중세의 봉건제 아래에서도 촌락공동체는 완전히 무너지지 않았다고 봤다. 오히려 살아남은 촌락공동체들이 동맹이나 협동, 친목을 통해 봉건제에 대항했고 상호부조와 지원을 실현했다는 것이다. "봉건제가 발전하면서도 이런 저항은 누그러뜨릴 수 없었고 촌락공동체는 그 근간을 유지했다." 그리고 이처럼 촌락공동체가 계속 존속됐기 때문에 10~11세기경 "요새화된 울타리 안에 자유로운 삶이 새롭게 발전"하는 중세도시가 탄생하게 됐다.

특히 진화의 관점에서 크로포트킨은 중세의 변화를 이끈 새로운 요소에 주목했다. "자유와 계몽사상이 성장하고 있던 이런 중심지〔중세도시〕에서 사상과 행동을 통일시키고, 12~13세기에 힘을 얻게 된 독창성이 발휘되도록 하려면 촌락공동체 원리 말고도 또 다른 요소가 필요했다." 길드가 바로 그것이었다. 크로포트킨에 따르면, 길드는 공동의 사업을 성공시키기 위해 모든 사람들이 "상호 관계에서 단순한 인간으로서 평등하게 대하기로 합의하고, 서로를 도와주며 발생 가능한 분쟁을 모든 사람들이 선출한 재판장 앞에서 해결"했다. 따라서 길드의 성원들은 서로를 형제 자매로 불렀고, 공동의 재산을 소유했으며, 싸움이 벌어질 경우 공동으로 책임을 졌다.

게다가 길드는 좀더 진보된 원리, 즉 "자치사법권과 상호지원이라는 이중의 원리"를 근간으로 조직됐다. "개인에게서 독창성을 빼앗지 않으면서도 집단의 욕구를 충족"시켰던 이런 원리 덕택에 길드는 빠르게 확산되고 발전해 강화될 수 있었다. "농노의 길드, 자유민의 길드, 농

중세의 상호부조를 대표하는 길드는 일종의 동업조합이었다. 그러나 조합원들의 이해관계뿐만 아니라 일상생활까지 관장하는 권한을 행사했다는 점에서, 길드는 동업조합 이상이었다. 따라서 길드의 대표가 중세도시에서 막강한 권력을 행사하는 일은 흔했다. 일례로 1368년 독일 아우크스부르크의 길드 대표 6명은 시의원에 취임했다(위 그림).

노와 자유민의 길드" 등 다양한 길드들이 만들어졌고 "특수한 목적을 위해 소집됐다가 그 목적이 달성되면 해산했다". 더구나 철도나 전신, 출판 등이 발전되어 상호연결이 가능해지자 중세도시는 작은 촌락공동체와 길드를 연합하게 됐다. 이제 중세도시는 영주와의 협상을 통해 특허장을 얻어내 자체적인 사법권을 행사했으며 "본질적으로 국가 그 자체였다". 왜냐하면 중세도시라는 코뮌은 "이웃들과 전쟁이나 평화를 맺

을 권리, 연합이나 동맹을 체결할 권리"를 가졌기 때문이다.

국가라는 표현을 쓰긴 했지만 중세도시는 지금의 국가처럼 중앙집권적이지 않았다. 코뮌은 지역적·기능적으로 탈중앙화된 구역이나 지구로 나뉘어 있었고, "각 지구나 구역은 완전히 독립적인 집단으로 형성됐다". 따라서 중세도시는 촌락공동체와 길드의 이중 연합체, 즉 "작은 지역적 결합(거리, 교구, 구역)으로 합쳐진 세대주들의 연합, 각자의 직업에 따라 서약에 의해 길드로 연합된 개인들의 연합"이었다고 할 수 있다.

중세도시는 부자와 가난한 자 모두에게

1215년 영국의 국왕 존이 런던 시민들에게 하사한 특허장. 이 특허장으로 런던 시민들은 손수 자신들의 시장을 뽑을 수 있는 권리를 얻게 됐다.

생활에 필요한 물품들을 공급하려 했고 독점이나 선매(先買)를 막아 공정한 가격을 유지했다. 때로는 곡물을 공동으로 구매하기도 했고, 도시가 가격을 지정하기도 했다. 물론 중세도시에서는 사유재산이 인정됐기에 상인길드 같은 경우 외부인들의 유입을 막으며 부를 축적하려고 하기도 했다. 그러나 크로포트킨에 따르면 이미 10세기부터 형성되어 온 수공업자들의 강력한 길드가 이런 상인들을 견제했다.

아무튼 중세도시는 그 내부의 동력과 특수성에 따라 발전방향은 달랐지만 도시를 조직하는 주요 노선이나 정신, 식량 공급이나 노동과 상업 등에서는 공통점을 갖고 있었다. 지역성, 기후, 종교가 다를지언정 이 같은 공통점을 찾을 수 있었기에 크로포트킨은 "중세도시를 잘 정의

자치사법권을 획득해 자립성을 획득한 중세도시들은 황제나 국왕, 군주, 전사집단 등의 3대 외부세력의 압박에서 도시의 자유와 특권을 지키기 위해 서로 동맹을 맺기도 했다. 가장 유명한 도시동맹은 13세기경 결성된 한자동맹이었다 (위 사진은 덴마크왕, 그리고 발트해의 해적들에 맞서 동맹을 체결한다는 한자동맹의 문서와 각 도시의 문장(紋章)이다).

된 문명의 한 단계로 이야기할 수 있다"라고 말했던 것이다. 결국 중세 도시는 "상호원조와 지원, 소비와 생산을 위한 촌락공동체보다 훨씬 커다란 연합"으로서, "사람들에게 국가라는 속박을 부과하지 않으면서도 예술, 공예, 과학, 상업, 정치조직과 같은 각기 독립된 집단들의 창조적이고 천재적인 개인들이 완전한 자유를 표출하면서 함께 사회생활을 하기 위한 밀접한 연합을 조직하려는 시도였다"(크로포트킨은 시당국이 길드를 관리하기 위해 감독관을 파견하는 경우도 있었지만 이때에도 길드의 자율성은 침해하지 않았다고 봤다). 특히 크로포트킨은 중세도시에서 노동의 이상이 실현됐다고 봤다. 중세도시에서는 이미 하루 8시간 노동과 토요일의 반나절 노동이 시행되고 있었다는 것이다.

그런데 중세에는 자유도시만이 아니라 봉건왕조도 존재했기 때문에 도시의 시민들은 끊임없이 싸워야 했고 이런 투쟁 속에서 시민의식을 길렀다. 도시는 자율성을 지키기 위해 많은 전쟁을 치러야 했고 그 와중에 많은 도시들 간에 동맹(한자동맹, 롬바르디동맹, 슈바벤도시동맹 등)이 결성됐다. 크로포트킨은 이 시기를 칭송하면서 "10세기에서 16세기까지의 시대는 연합과 단결의 원리가 모든 인간생활에서 표출되고 최대한도로 지속되어 오면서 대규모로 상호부조와 상호지원을 확보하려는 광범위한 시도가 있었다고 설명할 수 있다"고 주장한다.

그렇다면 이 찬란한 중세도시들은 왜 몰락했을까? 크로포트킨은 다양한 원인이 복합적으로 작용했다고 봤다. 우선 15세기 말에 이르러 강력한 국가들이 등장했다. 몽골과 터키 등 외부의 침략에 맞서는 과정에서 국가들이 강력해졌던 것이다. 게다가 시민들의 해방에서 이득을 보지 못한 농민들이 왕이나 황제에게 희망을 걸면서 중앙집권화된 국가의 형성을 돕기도 했다. 거꾸로 시민들은 새로 편입된 장인들과 농민들을 시민으로 받아들이지 않았고, 중세도시로 편입된 귀족들도 도시 내에 심각한 분열을 일으켰다. 그리고 시민들이 점점 더 농업을 무시하고 상공업으로 부의 기반을 쌓으면서 빈부의 격차가 심각해졌다는 것도 중세도시들이 몰락한 원인일 것이다.

그러나 가장 중요하고 결정적인 이유는 2~3백 년 동안 교단이나 대학강단, 판사석을 차지한 로마법 연구자들과 교회 성직자들이 11세기의 주요 사상인 "독립과 연방주의, 각 집단의 주권, 단순한 단계에서 복잡한 단계에 이르는 정치조직의 구성 등"을 쓸모없게 만들었다는 데 있다. 게다가 이들은 중앙집권화된 국가를 찬양해 시민들의 정신 자체

교황 이노센트 3세 이래(12~13세기) 로마법 연구자와 교회 성직자들은 중앙집권화된 국가를 찬양해 중세도시의 상호부조 정신을 훼손했다. 플랑드르의 화가 페터 브뤼겔 2세의 「마을 법률가」(1621)는 당시 법률가들이 누린 권력을 잘 보여준다. 법률가가 거드름을 피우며 서류를 살펴보는 동안, 시민들은 모자를 벗은 채 공손히 기다리고 있다.

를 개조시켰다. 그에 따라 시민들은 "일단 '공공의 안전'을 위해서라면 권력이 아무리 확장되어도, 살인이 아무리 잔인하게 자행되어도 그에 대한 정당한 이유를 묻지 않게 됐으며 …… 한 사람의 권력에 대한 새로운 믿음이 생겨나면서 과거의 연합주의적인 원리는 사라져 갔고, 대중들이 가지고 있던 창조적 정신은 차차 소멸됐다".

물론 크로포트킨은 상호부조와 상호지원의 흐름이 이 시기에 와서 완전히 사라졌다고 보지 않았다. 크로포트킨은 이 흐름이 탄압을 받으면서도 계속 살아남았고, 다시 지상으로 샘솟을 날을 기다리고 있다고 주장했다. 그렇다고 이 흐름이 단순히 과거의 촌락공동체나 씨족사회를 재건하려는 노력으로 나타날 것이라는 말은 아니다. "그 모든 제도들에서 유래했지만 상호부조와 상호지원은 더 넓고 더 깊이 있는 인도적 개념 속에서 모든 제도를 능가하는 방식으로 모색되고 있다."

## 근대의 길드

근대에 들어와 상호부조와 상호지원을 바탕으로 사회를 재건하려는 시도는 종교개혁을 통해 이뤄졌다. 종교개혁은 가톨릭 교단의 부조리에 대한 저항만이 아니라 형제애로 뭉친 공동체를 건설하려는 움직임이기도 했던 것이다. 당연히 국가는 이런 시도들을 강력히 탄압해야 했고, 서로 전쟁을 할 때에도 "어떤 형태로든 시민들이 결성하는 독립적인 동맹은 국가 내에 존재할 수 없고, 감히 '제휴'를 꾀하려는 노동자들에게는 고된 노역과 죽음만이 적절한 처벌이 된다"는 점에 의견일치를 봤다. 요컨대 국가는 "상호부조의 경향이 표출되는 제도들을 전부 체계적으로 제거"하려 했다.

크로포트킨에 따르면, 이처럼 국가가 사회의 모든 기능을 흡수하게 되자 방종하고 편협한 개인주의가 발전하게 됐다. 왜냐하면 "국가에 대한 의무가 늘어나면서 시민들은 서로에 대한 의무를 확실히 덜게" 됐기 때문이다. 근대사회에서는 분쟁이 생기면 국가의 경찰이나 법관이 개입하고, 굶주리는 자 역시 국가가 판단하고 개입할 문제로 여겨졌다.

종교개혁은 상호부조와 상호지원을 기반으로 자유롭고 형제애로 뭉친 공동체적 삶을 추구하는 사람들의 열망을 대변하는 운동이었기에 국가와 정면으로 충돌할 수밖에 없었다. 특히 프랑스는 종교개혁가 장 칼뱅이 제네바공의회의 수장이 된 1549년 이래로(83쪽) 극심한 종교갈등에 휩쓸렸다. 결국 절대왕정 아래 국가통일에 주력한 루이 14세(82쪽)는 "영주의 종교가 곧 신민의 종교이다"라며, 종교개혁이 상징하던 당대인들의 공동체적 열망을 억눌렀다.

이전 사회에서와는 달리, 이제 거대한 국가기관이 움직이지 않고서는 공동체 내에서 직접 할 수 있는 일이 거의 없어진 것이다.

　　그러나 이 모든 상황에도 불구하고 중세의 촌락공동체나 길드를 재건하거나 대체하려는 시도들은 사라지지 않았다는 것이 크로포트킨의 주장이다. 특히 "촌락공동체 제도는 땅을 경작하는 사람들의 요구와 생각에 매우 잘 맞아 떨어져" 계속 그 잔재가 남아 있고, "공동체 생활을 하던 시기로 거슬러 올라가는 관습과 습속"도 농민들의 삶 속에 녹아들어 있었다. "만인에 대한 만인의 투쟁이라는 이론은 과학이란 이름으로 제시됐지만 절대로 과학이 아니다. 그래서 사람들은 그런 이론을 받

상호부조의 정신은 농촌뿐만 아니라 도시의 극빈층 사이에서도 명맥을 유지했다. 일례로 빈의 세탁부들은 사육제 기간 중 '세탁부들의 무도회'라는 행사를 실시해 서로들 삶의 기쁨을 나누는 등 공동체의 유대를 굳건히 유지했다.

아들이기보다는 자신들의 관습, 신념, 전통을 더 고수하려고 한다." 크로포트킨은 실제로 동부 유럽, 프랑스, 독일, 이탈리아, 스칸디나비아, 스페인 등 유럽 전역의 농촌에서 공유제가 존재한다는 점을 예로 든다. 그리고 민회가 공유지를 관리하고 촌락공동체가 폭넓은 자치권을 소유하는 스위스를 가장 대표적인 사례로 지목한다. 더구나 당시 스위스에서는 관습적인 상호부조만이 아니라 협동조합을 통해서도 근대적인 다양한 요구들이 충족되고 있었다.

이런 실례를 통해 크로포트킨은 공유제의 의미를 재차 강조한다. 특히 크로포트킨은 공유제가 경제적 가치보다 윤리적 중요성을 더 많이 가진다고 봤다. "촌락생활에 공동소유제가 있었기 때문에 소토지소유제로 개인주의와 탐욕이 매우 쉽게 발전하고 무모하게 자라나는 계기를 강력하게 제어해 주는 상호부조 관습과 습속이 토대를 유지할 수 있었다." 이런 윤리적 관점은 농민에 대한 평가로 이어진다. "지금 고려하고 있는 윤리적 관점에서 보면, 농민들의 중요성은 간과될 수 없다. 현재 만연되고 있는 무모한 개인주의체제에서도 농민대중은 자신들이 상호지원이라는 유산을 충실하게 유지하고 있음을 여실히 보여준다"(이런 점에서 크로포트킨은 산업노동자를 중시하는 맑스와 대립한다).

실제로 공유제는 터키, 아랍, 인도, 중국, 중앙아시아, 아프리카 곳곳에서 찾아볼 수 있다. 그러나 크로포트킨이 특히 주목한 것은 러시아의 사례였다. 중부 러시아의 개척지들을 살펴보면 자작농들이 공유제를 통해 촌락공동체를 건설하는 움직임을 쉽게 찾아볼 수 있고, 비옥한 남부 지방의 스텝에서도 이런 사례들이 빈번히 발견된다.

유리한 상황이 동시에 발생해서 평균적인 사람들보다는 덜 비참한 상태에 있는 러시아 농민들의 촌락공동체는, 어디서든지 그리고 그들이 이웃에서 지식과 독창성을 가진 사람들을 알게 된다면 언제든지 농업과 마을 생활 모두에서 다양한 발전을 이룰 수 있는 수단이 된다. 다음의 사실들에서도 보게 되겠지만, 다른 경우와 마찬가지로 만인에 대한 개개인의 전쟁보다 상호부조가 진보를 이끄는 데 더 유리하다.

한편 크로포트킨은 촌락공동체만이 아니라 근대사회에 남아 있는 길드의 불씨도 다시 찾아나섰다. 대표적으로 노동조합이 그런 불씨였다. 비록 국가가 길드의 자치권과 자산을 압수하면서 일체의 단체결성도 금지했지만, "18세기 내내 노동자들의 동맹은 계속해서 재건됐다"는 것이다. 물론 노동조합을 만들거나 파업을 일으키는 것은 개인의 삶에 큰 불행을 가져왔지만(심지어 죽임을 당하기도 했지만) "유럽과 미국에서는 해마다 수천 건의 파업과 직장폐쇄가 발생했다".

노동조합뿐만 아니라 다른 형태의 정치적 연합 또한 수없이 존재했다. 크로포트킨에게 정치적 연합, 즉, 정치운동이란 "원대하고 먼 미래의 쟁점들", 그 가운데에서도 "가장 사심 없이 열정을 불러일으키는 쟁점"을 가지고 전개하는 투쟁이었다. 당시의 현실에서는 사회주의야말로 이런 운동이었다. 크로포트킨은 사회주의에 대한 세간의 비난을 반박하며 사회주의를 찬양했다. 과거의 모든 진보는 "웅대한 사상에 고무된 그저 평범한 사람들", 그리고 "이런 사람들의 헌신"을 통해 촉진되어 왔는데, "우리 세대의 경우에는 사회주의가 이것에 해당된다"는 것이 크로포트킨의 주장이었다.

또한 크로포트킨은 협동조합도 "일반적인 복지와 생산자들의 연대"라는 길드의 성격을 가진다고 봤다. 특히 크로포트킨은 매우 다양한 양상을 띠는 협동조합을 연구하는 데 있어 가장 좋은 지역은 (영국, 네덜란드, 덴마크, 독일 등지에서 협동조합이 이미 중요한 역할을 하고 있지만) 러시아라고 주장했다. 그것은 다음과 같은 이유 때문이다.

러시아에서 협동조합은 중세부터 자연스럽게 발전했다. 공식적으로 설립된 협동조합은 법적인 어려움과 관리들의 의심을 받아야 했지만, 비공식적인 협동조합(아르텔)은 러시아 농민의 삶에 본질적인 부분이 됐다. '러시아 형성'과 시베리아 개척의 역사는 촌락공동체와 더불어 사냥과 교역 아르텔[협동적 직업조합] 또는 길드의 역사이다.

크로포트킨은 근대사회의 길드 중 하나로 노동조합을 꼽았는데, 특히 노동기사단이 일궈낸 성과에 주목했다. 1869년 미국 필라델피아 피복공들의 단체로 발족한 노동기사단은 직종, 숙련도, 인종의 차이를 초월해 노동자의 단결을 주장하고 협동조합을 설립해 자본으로부터의 해방을 추구하는 등 상호부조의 정신을 이어나갔다.

　　한편 크로포트킨은 친목단체도 협동조합의 한 형태로 봤다. 비밀공제조합, 장례공제회, 소규모 공제회뿐만 아니라 "삶을 즐기기 위해 연구, 조사, 교육 등을 목적으로 결성된 수많은 단체, 공제회, 결연"(과학, 문학, 예술, 교육단체 등)도 "사회적이고 건전한 정신" 아래 단결이나 상호지원의 역할을 해왔다는 것이다. 비록 이 단체들은 사회의 경제조직을 바꾸진 못하더라도 "작은 마을에서는 사회적 차별을 완화해 주며, 큰 규모에서는 국가나 국제적인 연합에 가입하는 경향을 보이므로 지구상의 여러 인종 사람들 사이에 사적으로 친숙한 관계를 증진"시킨다.

　　그렇다면 과연 종교단체는 어떨까? 크로포트킨은 종교적인 자선단체들이 "상호부조와 똑같은 경향의 산물"이라는 데에는 동의했다. 그

러나 근본적으로는 종교단체에 부정적이었다. 그도 그럴 것이, 크로포
트킨은 종교단체들이 상호부조의 감정을 초자연적 기원에서 찾는다고
봤기 때문이다. 특히 "상호부조와 동정심이라는 인간적 감정에 폭넓게
호소했던 초기 기독교와는 달리, [근대의] 기독교 교회는 국가와 손을
잡고 상호부조와 상호지원 제도를 파괴했다". 게다가 크로포트킨은 교
회가 상호부조 대신에 설교하는 자비란 "받는 자보다 주는 자가 우월하
다는 의미를 내포하고 있다"고 비판했다.

특히 근대인들의 경우에는 그들의 공적인 삶에서보다 사적인 삶에
서 "상호부조와 상호지원이라는 지극히 넓은 또 하나의 세계"가 더 잘
발견된다. 크로포트킨은 인구가 밀집된 도시지역에 사는 노동자들을 예
로 든다. 크로포트킨의 주장에 따르면 도시지역의 노동자들은 "개인적
인 친밀도에 따라 집단을 형성하고, 자신들의 영역 내에서는 부자들이
상상할 수 없을 정도로 상호부조를 실천"한다.

그런데 위기상황에 직면하지 않고 살아가기가 매우 힘들 뿐만 아
니라 자기 자신도 찢어지게 가난한 이들이 도대체 어떻게 이와 같은 행
동을 할 수 있는 것일까?

크로포트킨은 도시지역의 노동자들이 "타인의 욕구와는 상관없이
무모하게 자기 이익만을 채우려는" 근대적 삶의 경향에서 벗어나 있다
는 데에서 답을 찾는다. 간단히 말해서, 이들은 상호증오와 무자비한 투
쟁을 통해 부, 권력, 영예를 얻으려는 욕망만이 판치는 근대사회에서도
여전히 동료 인간들에 대한 연대의식을 잃지 않은 것이다. 바로 이 점이
야말로 상호부조라는 감정은 그 역사적 뿌리가 깊기 때문에 쉽사리 없
어질 수 없다는 것을 입증해 준다.

# 근대인의 상호부조

인간의 상호부조 성향은 아주 오랜 기원을 갖고 있으며, 과거 인류의 모든 진화과정 속에 깊이 연관되어 있다. 그래서 갖가지 역사적 변화를 겪으면서도 인류는 지금까지 상호부조 성향을 유지해 왔다. 상호부조의 성향은 주로 평화와 번영기에 발전했다. 하지만 인간에게 최대의 재난이 닥쳤을 때에도(온 나라들이 전쟁으로 황폐해지거나, 많은 이들이 빈곤으로 죽어가거나, 전제정치의 억압 아래 신음할 때조차) 상호부조의 성향은 마을마다, 도시마다 극빈층 사이에서도 살아남았고 사람들을 하나로 묶어 줬으며, 결국에는 이런 경향을 감상적인 헛소리라고 여겼던 소수의 지배자, 전사, 파괴자들에게도 영향을 끼치게 됐다. 그리고 새로운 발전 단계에 알맞은 새로운 사회제도를 만들어야 할 때마다 늘 인류의 건설적인 정신은 새로운 출발에 필요한 요소들과 영감을 영원한 생명력을 지닌 이 상호부조의 성향에서 끌어냈다. 새로운 경제적·사회적 제도, 새로운 윤리체제, 새로운 종교 등은 그것이 대중의 창조물인 한 모두 이 상호부조의 성향에서 유래된 것이다. 넓게 보면 인류의 윤리적 진보도 작은 부족에서 더 규모가 큰 집단에 이르기까지 상호부조의 원리가 꾸준히 확대되면서 이뤄진 것이다. 그리고 언젠가는 이 원리가 신념, 언어, 인종에 상관없이 인류 전체를 포괄하게 될 것이다.

······ 우리 문명화된 세계에도 똑같은 상황이 적용된다. 자연적·사회적 재앙은 사라지게 마련이다. 인구 전체가 주기적으로 빈곤과 굶주림을 맞게 되고, 도시가 빈곤해져 수백만 사람들의 삶의 터전이 파괴되고, 소수에게만 이익을 가져다 주는 학설들이 수많은 사람들의 이성과 감정을 더럽히는 것 등등, 이 모든 상황은 분명히 우리 삶의 일부이다. 그러나 서로를 지원해 주는 제도, 습속, 관습의 토대는 여전히 많은 사람들에게 살아남아 있어서 서로를 하나로 묶어준다. 만인에 대한 만인의 투쟁이라는 이론은 과학이란 이름으로 제시됐지만 절대로 과학이 아니다. 그래서 사람들은 그런 이론을 받아들이기보다는 자신들의 관습, 신념, 전통을 더 고수하려고 한다.

······ 지난 3백 년간 이런 [상호부조의] 제도들이 발전하기 위한 조건들은 농촌에서와 마찬가지로 도시에서도 그리 좋지 않았다. 사실 누구나 잘 알고 있듯이, 점점 강성해졌던 군사국가가 16세기에 중세도시를 정복하게 되자 장인이나 직인 그리고 상인을 길드와 도시로 결합시켜 줬던 모든 제도들은 무참하게 파괴됐다. 길드와 도시가 누리고 있던 자치적인 통치권과 자치적인 사법권도 폐지됐다. 따라서 길드의 형제들이 서로에게 헌신의 서약을 맺게 되면 국가에 중죄를 범하는 꼴이 됐다. 촌락공동체의 땅이 그랬듯이 길드의 자산도 몰수됐고, 각 조합의 내부조직과 기술조직도 국가의 수중으로 넘어갔다. 게다가 더욱 엄격해진 법이 통과되어 어떤 식으로든 장인들의 결합을 막아버리려 했다. 한동안 옛 길드의 자취가 묵인되기는 했다. 상인들의 길드는 왕에게 보조금을 헌납한다는 조건 아래 존속할 수 있었고, 몇몇 장인길드는 [국가의] 행정조직으로 유지됐다. 몇몇 길드는 특별한 기능 없이 계속 존속했다.

그러나 예전에 중세의 삶과 산업에 활력소였던 요소들은 중앙집권화된 국가의 과도한 압력에 눌려 이미 오래전 사라져버리고 말았다.

　……그러나 중앙집권화된 국가의 압도적인 권력도, 고상한 철학자나 사회학자가 과학의 속성이라며 치장해낸 상호증오와 무자비한 투쟁이라는 학설도 인간의 머리와 가슴속 깊이 뿌리내린 연대감을 완전히 제거할 수는 없다. 이 연대감은 이전의 모든 진화과정에서 길러진 것이기 때문이다. 최초의 단계부터 진화과정을 거듭하며 얻어진 연대감이 동일한 진화과정의 여러 가지 양상 중 단 하나 때문에 사라질 수는 없는 법이다. 가족이나 빈민가의 이웃들, 촌락이나 노동자들의 비밀결사 같은 좁은 영역에 은신처를 마련해 왔던 상호부조와 지원의 욕구는 최근 들어 근대사회에서도 다시 제 목소리를 내고 있으며, 늘 그래 왔던 것처럼 미래의 진보에서 주도적인 지위를 담당할 제 권리를 주장하고 있다. 우리가 앞의 두 장에서 짧게나마 살펴본 여러 사실들을 하나씩 숙고해 보면 반드시 이와 같은 결론을 내릴 수밖에 없다.

## 진보의 두 축 : 상호부조와 자기주장

『상호부조론』의 결론부에서 크로포트킨은 상호부조와 '개인의 자기주장'을 진보의 두 요인으로 꼽는다. "개인이나 계급이 경제적·정치적·정신적 우월성을 확보하려는 노력" 속에서 나타나는 개인의 자기주장을 도외시한 채 인류의 진화를 성찰하려고 한다면 불완전한 성찰이 될 수밖에 없다는 것이다. 무엇보다도 개인의 자기주장이 "부족, 촌락공동체, 도시, 국가가 개인에게 부과하는 항상 고착화되기 쉬운 연대를 깨뜨리는" 중요한 기능을 한다면, 상호부조는 "예술, 지식, 지능을 발전시킬 수 있는 사회생활의 조건을 창출"함으로써 개인의 자기표현을 지원해주기 때문이다. 그러므로 크로포트킨은 상호부조의 원리로 개인의 삶을 옥죄지 않는 동시에 개인의 원리로 상호부조의 정형화된 틀을 끊임없이 갱신해야만 비로소 진정한 의미의 진보가 가능하다고 봤다.

그러나 크로포트킨은 개인의 자기주장이 현재의 인간 역사에서 지속적으로 지나치게 강조되어 왔다고 지적한다. 우리가 오늘날 알고 있는 개인주의나 경쟁의 형태로 말이다. 이와 달리 상호부조는 거부되거나 무시되어 왔다. 따라서 이 두 요인의 상관관계는 "상호부조가 충분하게 인정되고 난 뒤에야" 제대로 비교될 것이었다.

크로포트킨은 개인주의와 경쟁원리가 산업의 발전을 이끌었다는 주장에 동의하지 않는다. 눈부신 과학기술의 발전은 근대국가가 아니라 중세도시의 시대였던 15세기에 이뤄졌고, 중세의 자유도시가 몰락한 18세기 초반에는 산업이 눈에 띄게 퇴보했다는 것이다. 크로포트킨은 이 점을 재미있는 비유로 설명한다. "우리 시대에 이룬 산업의 진보가 흔히 주장되듯이 만인에 대한 만인의 투쟁 때문이라는 생각은 비가 내

「모던타임스」(1936)에서 찰리 채플린은 노동자를 기계의 부속품으로 만든 산업발전의 결과를 신랄히 풍자했다. 크로 포트킨은 근대의 산업발전을 찬양했지만 상호부조의 정신이 더 폭넓게 존속했다면 산업발전이 「지금과는 윤리적으로 다른 결과」를 낳았으리라고 주장했다. 실제로 그랬다면 「모던타임스」는 지금과는 다른 내용이 됐을 것이다.

리는 원인을 모른 채 진흙으로 만든 우상 앞에서 제물로 바친 희생 덕분에 비가 내렸다고 여기는 꼴이다. 서로를 위해 자연을 정복하는 경우처럼 산업 분야에서의 발전을 위해서도 상호부조와 친밀한 교제 등은 늘 그랬듯이 상호투쟁보다 훨씬 더 이익을 준다."

특히 진화가 아닌 윤리의 관점에서 보면 상호부조의 중요성은 더 두드러진다. 상호부조의 원리는 "개인적인 사랑이나 기껏해야 종족에 대한 사랑이 아니라 인간 존재 한 사람 한 사람과 자신이 하나라는 인식을 통해 자신의 행위를 이끌어 가야 한다"고 호소하기 때문이다. 따라서 크로포트킨은 이렇게 결론내린다. "우리는 인간의 윤리적 진보라는 측면에서 상호투쟁보다는 상호지원이야말로 주된 부분을 차지한다는 사실을 확인할 수 있다. 오늘날에도 이런 생각을 널리 확장시켜야 우리 인류가 훨씬 더 고상하게 진화해 가며 확실한 보장을 받을 수 있다."

## 이기적 유전자와 이타적 유전자

『상호부조론』이 생물의 본성과 진화를 연관지어 상호부조의 원리를 제
시한 이래로 그에 대한 이론적 비판도 만만치 않게 쏟아져 나왔다. 특히
자본주의가 발전할수록 생존경쟁과 적자생존이 유례없이 격렬해지자
이런 경향은 더욱더 깊어져만 갔다. 따라서 많은 이들이 심정적으로는
상호부조에 동의해도 현실적으로는 이를 거부하는 경우가 많았다.

　　현대에 들어와 상호부조를 둘러싼 논쟁은 다른 차원에서 벌어졌다.
눈부신 과학기술의 발전 덕택에 이제는 개체가 아니라 그 개체를 구성
하는 유전자의 차원에서 논쟁이 이뤄지게 된 것이다. 그리고 이 논쟁에
서 흔히 언급되는 것이 이기적/이타적 유전자라는 개념이다.

　　'이기적 유전자'라는 개념은 영국의 진화생물학자 리처드 도킨스가
진화과정을 유전자의 관점에서 설명한 『이기적 유전자』라는 책에서 처
음 사용됐다. 다윈의 적자생존 이론을 집단이나 개체가 아니라 유전자
에 적용한 이 책에서, 도킨스는 내 안의 유전자가 나를 지배하며 나라는
개체는 유전자의 명령을 받는 '생존기계'일 뿐이라고 묘사했다. 왜냐하
면 나는 유한한 존재로 죽음을 피할 수 없지만, 유전자는 생식과 그 결과
인 자손들을 통해 살아남기 때문이라는 것이다. 그러므로 만약 내가 영
생을 꿈꿀 수 있다면, 그것 역시 유전자를 통해서이다.

　　그런데 유전자는 냉혹한 경쟁에서 살아남기 위해 다른 유전자와
경쟁하고 그 과정에서 이기적으로 변한다. 때로는 경쟁에서 살아남기

도킨스는 『이기적 유전자』를 "마치 상상력을 불러일으키는 공상과학 소설처럼" 읽히도록 썼다. 그러나 "다윈의 이론이지만 다윈이 택하지 않은 방법으로 표현"한 도킨스의 이기적 유전자 이론은 몇몇 사람들에게 공상과학 소설보다 더 기이한 내용을 담고 있는 책으로 읽혔고, 해가 갈수록 관련 학계에서 첨예한 논쟁을 불러일으켰다.

위해 유전자들끼리 거짓말이나 속임수를 사용하기도 한다. 그래서 도킨스는 이렇게 말한다. "성공적인 유전자에게서 기대할 수 있는 탁월한 자질은 '냉혹한 이기주의' 뿐이다." 결국 우리는 적자생존이나 자연선택을 통해 살아남는 것은 집단이나 개체가 아니라 그 개체를 구성하는 유전자, 그것도 이기적이 되어 버린 유전자라고 말할 수 있다.

물론 무조건 자신의 이익만을 고려하는 것이 생존에 도움을 주지 못할 때가 있다. 무차별적으로 경쟁자를 제거하는 것이 항상 이롭지는 않기 때문이다. 무차별적인 경쟁자 제거는 나의 체력을 떨어뜨리고 '적의 적'은 나의 친구일 수 있다. 그래서 협력의 가능성이 존재한다. 그런데 이 협력조차 협력을 가장하며 뒤통수를 치는 사기꾼 때문에 아주 어렵다. 이렇듯 서로 신뢰를 쌓는 것이 어렵기 때문에 도킨스는 친족이나 부모관계에서나 신뢰가 가능하다고 봤다. 이런 맥락에서 도킨스는 크로 포트킨이 관찰한 자연계의 상호부조도 유전자가 생존가능성을 확보하 려는 이기적인 행위의 일종일 뿐이라고 봤다. 도킨스에게 이타주의는 가르쳐야 하는 것이다. "왜냐하면 이타주의를 자연스러운 생물적 특성 의 일부라고 기대할 수가 없기 때문이다." 즉, 유전자에게서 발견되는 이 타성은 본성이 아니라 어떤 보답을 고려하는 이기적인 행동이다.

그렇다면 인간은 미래를 내다보며 인류 전체의 복지를 고려할 수 없다는 말일까? 그렇진 않다. 의도야 어떻든 간에 유전자의 이기적인 이 타성도 서로 돕는 이타성이긴 하다. 확실히 도킨스가 관찰하는 인간 사 회는 냉혹한 밀림의 사회가 아니다. 다만 도킨스는 진정 협동적인 사회 를 만들려 한다면 유전자의 의도를 뒤집어엎을 기회를 가져야 하고, 그 렇다면 유전자의 냉혹한 본성을 인정해야 한다고 봤다.

도킨스가 '밈'(meme)이라는 새로운 개념을 제안하는 것도 이런 맥 락에서이다. 일종의 문화적 개념인 밈은 "노래, 사상, 선전 문구, 옷의 패 션, 도자기를 굽는 방식, 건물을 건축하는 양식 등"을 의미하는데, 유전 자와 때론 적대적인 관계를 맺곤 한다(가령 독신의 습관은 영생을 누리고 자 하는 유전자의 욕망과 대립한다). 도킨스는 "자연선택은 자신의 이익 을 위해 문화적 환경을 잘 활용하는 밈에게 이롭게 작용한다. 문화적 환 경 또한 선택되어 남겨진 다른 밈들로 구성되어 있다"고 얘기한다. 결국 이런 문화적인 밈을 통해 단기적인 이기적 이익보다는 장기적인 이기적 이익, 즉 상호간의 이타주의가 가능하다.

그러나 도킨스의 논의에는 크로포트킨이 삶을 마감할 때까지 고민 했던 '윤리'가 빠져 있다. 윤리 없는 진화는 공포스러운 디스토피아를

네덜란드의 판화가 모리츠 에셔의 작품「결속의 끈」(1956)은 '밈'이라는 개념을 잘 보여준다. 도킨스는 유전자가 자기복제를 하듯이 문화도 자기복제를 하는데, 문화에서 그 기능을 맡는 매개물을 '밈'으로 부르자고 제안했다. 즉, 밈은 문화전파의 단위로서 한 문화의 요소를 다른 문화로 전파한다. 마치 위 그림 속의 두 인물을 연결해 주는 끈처럼.

가져올 뿐이다. 과학에 윤리를 적용하는 것이 이상해 보일 수 있지만 사실상 도킨스의 유전자 논의도 일종의 윤리적 효과를 함축하고 있다. 예를 들어 도킨스는 복지국가 개념을 비판하며 복지국가는 이기적 유전자가 지배하는 자연세계와 어울리지 않는다고 말한다. 복지국가는 적자생존을 통한 자연도태를 막으며, 더구나 바로 그 이타성 때문에 이기적인 개체들에 의해서 악용되고 남용될 여지가 있다는 것이다. 또한 도킨스는 분권보다 중앙집권이 생존에 더 적합하다고 주장한다.

한정된 자원을 두고 벌이는 잔혹한 경쟁, 다른 생존기계를 잡아먹거나 그것들에게 잡아먹히지 않으려는 냉혹한 투쟁 속에서, 공동소유의 몸을 무정부주의적으로 사용하기보다는 중앙집권적으로 사용한 유전자들에게 어떤 이익이 돌아갔을 것임에 틀림없다. 오늘날 유전자들의 복잡한 공동진화는 개별 생존기계의 공산주의적인 성질이 실제로 인식되지 않을 정도로까지 진행됐다.

과학적인 논의는 사회가 처한 현실과 무관하지 않다. 과거 헉슬리의 논의가 임금삭감과 사회질서의 유지를 도왔듯이, 도킨스의 논의도 복지국가를 비판하고 사회주의를 부정히는 근거로 이용된다. 윤리가 결여된 과학기술 발전은 오만하고 냉혹한 사회를 가져올 뿐이다.

이런 한계는 『이타적 유전자』라는 책을 쓴 영국의 동물학자 매트 리들리에게서도 나타난다. 제목 때문에 마치 도킨스의 논의를 반박하는 듯하지만, 사실 리들리의 주장은 도킨스의 논의를 다양한 게임이론을 통해 더 확장시킨 것에 불과하다. 흥미롭게도 리들리는 서론에서 크로포트킨을 직접 거론하며 논의를 풀어간다.

나는 크로포트킨이 절반은 옳았음을 입증하는 한편, 인간사회의 뿌리는 그가 생각하는 것보다 훨씬 깊은 곳에 존재한다는 사실을 입증할 것이다. 사회가 제구실을 하고 굴러가는 것은 우리가 그것을 훌륭하게 고안해냈기 때문이 아니라, 사회가 우리의 진화된 소양의 산물이기 때문이다. 그것은 문자 그대로 우리의 본성에 내재한다.

리들리는 크로포트킨이 상호부조의 중요성을 강조했다는 점에서는 옳았지만 상호부조가 전적으로 인간의 행위라는 점을 간파하지 못했다고 비판한다. 요컨대 상호부조는 동물에게서 찾아볼 수 없는, 지극히 인간적인 행위라는 것이다. 따라서 리들리에 따르면, 동물세계에서 도덕적인 사례를 발견했다고 해서 인간의 본성이 도덕적이라는 점이 자연스럽게 입증될 수 있는 것은 아니며 그 반대도 마찬가지이다.

리들리는 인간의 염색체가 '집단이기적'이고, 개별 유전자의 이기적인 하극상을 억압해 전체 게놈의 통합성을 지켜낸다고 주장한다.

생명체의 전체 시스템은 세포들이 각자의 이기적인 야망을 충족시키려면 각자의 임무를 수행하지 않을 수 없도록 정교하게 설계되어 있다. 이기적인 개인의 행위가 시장 기능을 통해 사회 이익에 기여하게 되듯이, 세포들의 이기적인 야망은 결과적으로 시스템 전체의 이익을 지향하게 되는 것이다.

리들리가 '호혜주의'라는 개념으로 정리하는 이 주장에 따르면, 협동적인 인간은 이타적인 인간이 아니라 단기적인 이익보다 장기적인 이익을 추구하는 사람일 뿐이다. 눈앞의 단기적인 이익만을 바라보는 사람은 자신의 행위가 타인에게 미치는 효과를 고려하지 못하는 '합리적인 바보'일 뿐이다. 반면에 이타적인 헌신은 "나는 이타주의자이다. 나를 믿어라"라는 의미를 내포하는데, 결국 나에 대한 타인의 신뢰도를 높여서 장기적인 이익을 확보하도록 돕는다.

따라서 인간에게 중요한 과제는 이기심을 최소화하는 것이 아니라 미덕을 계발하기 위한 제도를 만드는 것이다. 리들리에게 "협동은 원래 미덕을 위해서가 아니라 이기적인 목적을 달성하는 수단"이다. 도킨스

"경쟁하기 위해 협동한다"라는 전제 아래 씌어진 리들리의 『이타적 유전자』는 이타심이란 이기심을 전제로 할 때에만 가능한 '미덕'이라고 주장한다. 리들리는 사적소유권에 대해서도 똑같은 주장을 되풀이한다. 사적 소유권을 명확하게 하면 할수록 그것을 잘 관리하기 위해서라도 이기심을 억누르고 협동하게 된다는 것이다. 이런 리들리의 논의는 복지국가의 활동 범위를 축소하자는 신자유주의적인 논리에 기여할 위험이 있기도 하다.

처럼 리들리도 사회성, 협동성, 신뢰성을 지향하는 인간의 정신, 즉 사회적 본능이 이기적 유전자에게 이득을 준다고 주장하는 셈이다.

리들리는 헉슬리와 크로포트킨의 논쟁을 직접 언급하기도 하는데, 시종일관 크로포트킨의 관점을 못마땅해 하면서도 헉슬리가 "개체의 관점에만 집착해 개체 사이의 투쟁에 매몰됐다"고 비판한다. 즉, "헉슬리가 유전자의 관점에서 문제를 볼 수 있었다면, 그렇게 극단적인 홉스주의적 개체관에 도달하지는 않았을 것"이라는 얘기이다. 그러면서도 리들리는 크로포트킨이 인간과 동물의 차이점을 구분하지 못해 이타성의 기원을 제대로 파악하지 못했다고 비판한다.

그러나 크로포트킨은 동물들의 상호부조를 다루면서 고등동물일

수록 사회적인 군집생활이 본능보다 이성에 의해 이뤄진다고 주장했고 단순히 생존이라는 목적만이 아니라 삶의 즐거움 같은 목적도 사회성과 연대의 바탕이 된다고 주장했다. 따라서 크로포트킨이 동물의 상호부조와 인간의 상호부조를 혼동했다는 리들리의 주장은 크로포트킨의 주장을 지나치게 단순화한 것이다.

『상호부조론』은 단지 생물학적인 분석으로 그치지 않는다. 동물들의 상호부조를 다룬 내용은 일부에 지나지 않는다. 오히려 크로포트킨의 관심은 인간사회의 상호부조였고, 원시사회에서 근대국가까지 인간사회의 변화과정을 분석하며 인간의 사회성이 어떻게 억압당하고 변질됐는지 밝히는 데 있었다. 즉, 유전자를 중심으로 한 생물학적인 분석이 아니라 본능과 사회구조의 유기적인 연관성에 관한 분석이 크로포트킨의 관심이었다. 크로포트킨은 결코 인간의 유전자나 본성이 인간의 삶을 완전히 지배한다고 보지 않았다. 인간은 오랜 진화과정에서 발달되어 온 생활양식과 교육을 통해 새로운 가능성의 장을 열 수 있다.

따라서 크로포트킨이 정치경제학적인 분석으로 인간사회의 발전과정을 추적했다면, 도킨스나 리들리야말로 꾸준히 동물의 세계에 빗대어 인간의 이기성을 증명하고 있다는 점에서 동물적인 본능과 인간의 사회성을 제대로 구분하지 못했다고 얘기할 수 있다. 결국 자신의 분석을 통해 아나코-코뮌주의라는 이론의 토대를 마련했던 크로포트킨과 달리, 도킨스와 리들리는 이기적 유전자론에 근거해 국유화와 국가, 공동소유를 비난하는 신자유주의적인 논리에 기여했다.

또 하나 우리가 잊지 말아야 할 것은 오랜 세월 진화과정을 거쳐온 유전자라면 사회환경과 영향을 주고받을 수밖에 없다는 사실이다. 도킨스와 리들리가 이기적/이타적 유전자를 주장하면서도 밈이나 호혜주의를 얘기할 수밖에 없는 이유가 이 때문이다. 스티븐 로우즈, 리처드 르윈틴, 레온 카민도 『우리 유전자 안에 없다』(1984)에서 이 점을 지적한 바 있다. 이들은 이기적 유전자를 외치는 생물학 결정론이나 인간의 생물학적 특성을 완전히 부정하는 사회적 구성주의 이론을 모두 거부하며 부분과 전체를 연관짓는 변증법이 필요하다고 봤다. "세계를 상이한 두 가지 현상 유형(문화와 생물학적 특성, 정신과 육체 등)으로 분리하는 문화적 혹은 이중적 설명양식"과 대비되는 변증법적 설명은 우리의 본성이 사회구조에 영향을 미치듯이 우리가 어떤 사회에 살고 있는지도 우리의 본성에 영향을 미친다는 사실을 환기시켜 준다.

그렇다면 이기적이든 이타적이든 유전자에 관한 논의는 전문가들의 합의가 아니라 대중적인 토론이 필요한 주제이다. 확실히 유전자 성분이나 염색체 배열 같은 과학적 지식은 일반인이 쉽게 접근할 수 없는 전문 지식이다. 그러나 유전자의 사회적 본성에 관한 논의는 결코 전문가들의 독점물일 수 없다. 우리가 타인의 유전자 정보에 관여할 수는 없다고 하더라도, 그 유전자가 정보를 주고받으며 생존을 모색하는 사회 환경에까지 전혀 개입할 수 없는 건 아닐 테니. 크로포트킨이 『상호부조론』을 쓴 의도도 바로 이런 대중적인 토론을 염두에 둔 것이다. "우리의 본성은 어떤 특징을 갖고 있는가?"만큼 "우리는 어떤 사회를 구성할 것인가?"도 중요하기 때문이다.

당대에 미친 영향

『상호부조론』의 각 장은 헉슬리가 문제의 논문을 실은 『19세기』에 처음 발표됐다. 이렇게 시차를 두고 나왔던 탓인지, 당시에는 『상호부조론』을 둘러싼 학문적인 논쟁이 벌어지지 않았다. 헉슬리는 크로포트킨의 비판을 분명하게 반박하지 않았다. 크로포트킨 역시 『반란자』를 제작하고, 1897년 북아메리카(캐나다와 미국)를 여행하고, 1905년 발생한 러시아혁명에 관심을 두느라 이 논쟁을 심화시킬 여유가 없었다. 게다가 두번째로 북아메리카를 방문했던 1901년 이후에는 누적된 피로로 건강이 악화된 상태였다. 따라서 『상호부조론』이 유럽뿐만 아니라 아시아의 다양한 언어로 번역되어 읽히며 고전의 반열에 올랐던 것은 책으로 출판된 1902년부터이다.

애브리치는 『상호부조론』이 인기를 끈 이유를 두 가지로 꼽는다. 첫번째 이유는 『상호부조론』이 당시 운동의 형태로만 존재하던 아나키즘에 과학적 토대를 마련해 준 가장 성공적인 최초의 연구였다는 점이다. 『상호부조론』을 계기로 아나키즘은 소위 '과학적 사회주의'로 불리던 맑스주의에 맞설 수 있는 토대를 마련하게 됐다.

두번째 이유는 『상호부조론』이 아나키즘에 윤리적인 원리를 제공했기 때문이다. 앞서도 살펴봤듯이, 크로포트킨은 진화뿐만 아니라 윤리의 관점에서 상호부조의 중요성을 더욱 강조했다. 크로포트킨에게 상호부조란 "인간 존재 한 사람 한 사람과 자신이 하나라는 인식을 통해서 자신의 행위를 이끌어" 갈 때 비로소 완성되는 것이었다. 크로포트킨은 이런 윤리의 문제를 죽을 때까지 고민했는데, 끝내 완성시키지 못한 채 후세에 남긴 그의 유작도 『윤리학』이었다("위대한 인본주의자이자 혁명적 아나키스트의 마지막 노래"인 이 책은 1922년에 출간됐다).

1882년 크로포트킨은 당대 유명인의 초상사진을 찍어 유명해진 프랑스 사진작가 나다르의 모델(왼쪽)이 됐을 만큼 이미 큰 명성을 떨치고 있었다. 오른쪽은 영어로 출간된 크로포트킨의 저서들.

그리고 우리는 애브리치가 지적하지 않고 넘어간 세번째 이유도 생각할 수 있다. 크로포트킨은 애초 헉슬리와의 논쟁을 목적으로 집필했던 『상호부조론』의 논의를 확장시키며, 훗날 '아나코-코뮨주의'라고 불리게 될 자신의 사상을 가다듬었다. 크로포트킨의 또 다른 걸작 『빵의 쟁취』(1892)와 『들판, 공장, 작업장』(1898)은 바로 그 성과물이었다. 『반란자』와 『19세기』에 기고한 논문들을 모은 이 두 권의 책은 『상호부조론』이 책으로 출판되기 전에 이미 크로포트킨의 명성을 높이고 있었다. 요컨대 『상호부조론』의 인기는 이 앞선 책들의 덕이기도 하다.

그러므로 『빵의 쟁취』와 『들판, 공장, 작업장』의 내용(그리고 이 책들에서 파생된 크로포트킨의 다른 주장들)을 살펴보는 것은 『상호부조론』의 내용을 더 깊이 이해하는 데 도움이 될 뿐만 아니라 아나코-코뮨주의를 이해하는 데도 도움이 될 것이다.

## "모든 것은 모든 사람을 위한 것이다"

『빵의 쟁취』는 크로포트킨이 상호부조의 원리에 입각해 미래사회의 원리를 서술한 책이다. 이 책에서 크로포트킨은 "모든 것은 모든 사람을 위한 것이다"라고 주장했다.

모든 새로운 발명은 기계학과 공업이라는 폭넓은 분야에서 그것에 앞서 행해진 헤아릴 수 없이 많은 발명들의 종합이며 그 결과이다. 과학과 공업, 지식과 응용, 발견과 새로운 발견으로 이끄는 실제적 응용, 사고와 두뇌 노동과 손의 재주, 두뇌와 근육의 노동, 이 모든 것들이 함께 협력한다. 발견의 하나하나, 진보의 하나하나, 인류 재산의 하나하나의 증가는 과거와 현재의 육체적·정신적 노력에 힘입고 있다. 그렇다면 어느 한 사람이 …… "이것은 나의 것이지 너의 것이 아니다"라고 말할 수 있는 것은 무슨 권리에서인가?

지식과 과학적인 성과, 노동의 생산물은 결코 개인의 사적소유일 수 없고 인류의 공동재산이어야 한다는 것, 바로 이것이 크로포트킨의

멕시코의 벽화가 디에고 리베라가 미국의 디트로이트예술회관에 그린 벽화 「디트로이트의 산업」(1933)의 일부.

생각이었다. 온고지신(溫故知新)이라는 말처럼 우리는 옛 것에 기반해 새로운 것을 창조한다. 지상에서 완전히 새로운 것을 창조하는 것은 인간의 힘으론 불가능하다. 그리고 아무리 뛰어난 천재라 하더라도 혼자만의 힘으로 높은 건물이나 새로운 상품을 개발할 수 없고, 반드시 여러 사람의 협동노동이 필요하다. 따라서 어느 사소한 물건이나 지식, 기술 하나도 온전히 한 개인의 소유물이 될 수 없다.

이와 마찬가지로 크로포트킨은 생산과정에서 각 개인의 공로를 측정하고 평가하는 것도 불가능하다고 봤고, 그런 평가에 의존하는 임금체계를 폐지해야 한다고 주장했다. 크로포트킨은 자본주의의 핵심 특징을 임금체계에서 찾았다. "임금의 등급은 세금, 정부의 보호, 자본가의 독점(요컨대 국가와 자본)의 매우 복잡한 산물이다." 그렇기 때문에 크로포트킨은 이런 임금체계를 폐지해야 자유로운 노동의 원리에 따라 산업이 재구성될 수 있다고 주장했다.

크로포트킨은 노동에 대한 보상기준이 능력이 아니라 필요가 되어야 한다고 주장했다. 그래서 크로포트킨이 구상한 코뮌은 "능력에 따라 일하고 필요에 따라 가져간다"는 원리로 움직였다. 이 공동체는 각 개인

일괄조립라인으로 상징되는 '포드주의'는 포드의 판매품(자동차) 생산에는 효율적이었으나 노동자들에게는 고통을 가져다 줬다. 그러나 크로포트킨은 『빵의 쟁취』에서 당대의 과학기술은 노동이 고역이 되지 않도록 해줄 만큼 충분히 발달했다고 주장했다. 문제는 "소수에 의한 과학기술의 독점"이 이를 가로막는다는 데 있었다.

들이 자신에게 필요한 것을 판단하고, 자신이 얼마만큼 노동에 기여했는가와 상관없이 필요한 만큼 공동창고에서 꺼내 오게 했다.

　이런 주장이 굉장한 공상처럼 느껴질지 모르겠다. 인간의 이기심이 극복되지 못하면 공동창고는 금방 텅 비어 버릴 것이기 때문이다. 그러나 크로포트킨은 자신의 주장이 이상적이라는 비판을 일축했다. "인민들이 자유롭게 행동케 하라. 그러면 10일 이내에 식량의 공급이 훌륭하고 정연하게 이뤄질 것이다. 열심히 일하는 인민들을 본 일이 없는 자들이나 평생을 책에 파묻혀 보낸 자들만이 그것을 의심할 것이다."

　인간이 상호부조와 상호지원의 본능을 갖고 있다고 봤던 크로포트킨은 교육을 통해 인간의 이기심을 충분히 조절할 수 있다고 믿었다. 크

19세기 말 무기생산업체 크루프사는 독일에서 가장 부유한 기업이었으나, 크루프사가 벌어들인 막대한 이윤은 노동자들에게 거의 돌아가지 않았다. 크로포트킨은 이처럼 전쟁을 위해 생산한 군수품을 유익한 생산물로 전환시키면 결코 자원이 부족해지는 일은 없을 것이며, 노동자들의 복지가 더욱더 좋아지리라 주장했다.

로포트킨이 보기에 이기심은 인간의 본능이라기보다는 정치적·경제적 억압과 착취로 인해 생겨난 산물이었다. 따라서 이런 억압과 착취를 제거하면 모든 사람들이 스스로의 자유의지에 따라 일하고, 욕심을 부리지 않으며, 필요한 것만을 욕구하게 될 것이라고 확신했다.

『들판, 공장, 작업장』은 크로포트킨이 이런 주장을 다른 각도에서 설명한 책이다. 크로포트킨은 이 책에서 단순노동 대 전문노동, 정신노동 대 육체노동이라는 구분을 거부했다. "노동분업은 인간을 분류해 이름표를 붙이고 평생 계속될 낙인을 찍는 것"이기 때문에 "현재 사회의 모든 불평등을 유지"하는 장치라는 것이었다. 그래서 크로포트킨은 분업이 아닌 '협업', 즉 "정신노동과 육체노동의 결합"을 대안으로 제시했다. 이처럼 노동의 소외를 가져오는 분업을 없애면 노동은 강요가 아닌 즐거움으로 바뀔 것이고, 그만큼 노동생산성도 높아질 것이었다.

이에 덧붙여 크로포트킨은 전쟁을 위한 군수품과 소수 특권층을 위한 사치품을 사회적으로 유익한 생산물로 전환시키면 결코 자원이 부족해지는 일은 없다고 주장했다. 특히 크로포트킨은 일부 아나키스트들이 과학기술에 대해 보였던 반감도 가지고 있지 않았기 때문에(다만 과학기술이 국가나 거대자본의 손에 독점되지 않아야 한다고 봤고, 공동체와 근대적인 과학기술을 결합시키려 했다), 과학기술의 발전도 인간의 욕구를 충족시켜 줄 만큼 풍부한 자원을 만들어 주리라고 믿었다.

**테러리즘 비판 : 실행을 통한 선전**

상호부조의 원리를 윤리의 차원에서 접근했던 크로포트킨은 다가올 새로운 사회가 민주적이어야 할 뿐만 아니라 그런 사회로 가는 방법도 민주적이어야 한다고 봤다. 크로포트킨은 혁명을 일으키는 방법이 혁명 이후에 세워질 사회의 성격에도 영향을 미친다는 점을 잘 알고 있었다. 따라서 인민들이 혁명의 주체이어야 할 뿐만 아니라(혁명은 그 당사자인 노동자, 농민, 학생의 비폭력 직접행동을 통해서만 참된 길을 걸을 수 있다) 그 방법 역시 가능하면 폭력적이지 않아야 한다는 것, 예컨대 고귀한 방식으로 이뤄질 때에만 고귀한 목적이 창조될 수 있다는 것이 크로포트킨의 주장이었다. 크로포트킨은 자서전에서 이렇게 말했다.

정권에 최후의 일격을 가하는 것은 비밀결사나 혁명조직이 아니다. 비밀결사와 혁명조직의 임무와 역사적 사명은 혁명에 정신을 불어넣는 것이다. 그리고 (외부의 상황도 허락되고) 혁명의 정신이 준비됐을 때 최후의 박차를 가하는 것은 선도적인 그룹이 아니라 사회의 하부조직 바깥에 머물러 있는 대중이다.

실제로 크로포트킨은 한때 바쿠닌과 긴밀한 관계를 맺었던 음모주의자 네차예프를 강력히 비판했고, 지도자에 대한 복종이나 비밀조직을 완강히 거부했다. 크로포트킨이 바쿠닌과 달리 어떤 비밀조직도 만들려 하지 않은 이유가 바로 이 때문이다.

1869년 『어느 혁명가의 교리문답』이라는 팸플릿에서 소수 혁명가들의 비밀결사를 통한 "사회와 국가의 무자비한 파괴"를 주장해 유명해진 네차예프(위 사진)는 같은 해 11월 21일 자신이 이끌던 조직의 회원 하나가 탈퇴하려고 하자 살해한다. 러시아 전체를 떠들썩하게 만든 이 사건에 착안해, 도스토예프스키는 『악령』(1873)을 집필하기도 했다(아래 사진은 『악령』의 친필 원고).

비밀조직에 대한 거부는 자연스럽게 테러리즘에 대한 비판으로 이어졌다. 사실 러시아 혁명가들(특히 인민주의자들) 중에는 테러리스트라고 불릴 만한 인물들이 많았다. 특히 크로포트킨은 1905년 러시아혁명 이후 인민들과 동떨어진 소규모 비밀모임들이 조직적으로 테러를 일으키고 다니던 것을 우려했다.

물론 러시아 혁명가들 사이에 테러리스트들이 많았던 이유는 그들이 선천적으로 폭력적이어서가 아니라 차르와 오크라나(Okhrana)라 불렸던 비밀경찰이 국내뿐만 아니라 국외에서도 반란자들을 철저하게 탄압했기 때문이다. 오크라나는 심지어 유럽 각국으로 첩자들을 보내 러시아의 망명 혁명가들을 감시하고 본국으로 잡아들였다.

1905년 상트페테르부르크에서 찍은 오크라나의 사진. 비밀경찰의 극심한 탄압을 받았던 러시아 혁명가들은 늘 막대한 피해를 입었고, 그로 인해 테러라는 극단적인 방법으로 복수에 나서곤 했다.

이처럼 차르를 반대하는 그 어떤 목소리도 낼 수 없었기 때문에 러시아의 혁명가들은 테러라는 극단적인 방법을 택할 수밖에 없었던 것이다. 바쿠닌이 테러를 혁명의 도구로 인정한 데에는 이런 역사적 배경이 있었다. 크로포트킨 역시 활동 초기에는 차르 암살을 포함한 여러 방식의 테러를 지지했다. 물론 차르에 대한 증오보다는 억압을 당하는 인민들에 대한 연민 때문이었지만.

그러나 시간이 지나면서 크로포트킨은 점점 더 폭력과 멀어졌다. 사실 크로포트킨은 1880년 『반란자』에 기고한 글 「반란의 정신」을 통해 이미 테러리즘을 우회적으로 비판한 바 있다. 크로포트킨은 이 글에서 "며칠에 걸친 단일한 행동이 수천 개의 팸플릿보다 선전에 더욱 효과적이다"라고 말한 바 있다. 훗날 '실행을 통한 선전'이라는 표현으로 요약

될 이 주장에는 인민들의 반항적인 본능을 말과 글만이 아니라 실제 행동으로도 일깨워야 한다는 아나키스트들의 생각이 반영되어 있다.

다른 아나키스트들처럼 크로포트킨 역시 말로만 떠들어대는 '종이 위의 혁명', 즉 이론상의 혁명을 비판했다. 요컨대 아나키스트들에게 자신의 신념을 증명하는 방식은 곧 행동이었다.

이런 면에서 실행을 통한 선전도 테러만큼이나 반혁명 세력과의 물리적 충돌을 수반할 수밖에 없었다. 그러나 실행이 곧 테러를 뜻하는 것은 아니며, 그 반대도 마찬가지이다.

이런 행동은 어떤 형태를 취할 것인가? 모든 형태. 실제의 상황, 분위기, 가용수단에 따라 매우 다양한 형태를 취한다. 때로는 비장하게, 때로는 익살맞게, 그러나 항상 대담하게. 때로는 집단적으로, 때로는 순전히 개별적으로. …… 무엇보다도 이런 행동은 인민들의 용기를 일깨우고 반란의 정신을 부채질하는 가장 현실적인 본보기를 통해 수행된다(「반란의 정신」).

모든 형태가 가능하다고 했으니 적어도 논리적으로는 테러도 배제되지 않을 것이다. 그러나 동기 없는 무차별 테러, 즉 부르주아지와 반동분자들이 모여 있는 곳이라면 어디든 폭탄을 던지는 테러는 크로포트킨이 강조하는 "가장 현실적인 본보기"와 가장 멀리 떨어져 있는 형태였다. 결코 목적과 수단을 분리하지 않았던 크로포트킨이 보기에 테러는 인민들의 용기를 일깨우기보다는 인민들이 아나키즘을 신뢰하지 않게 만드는 잘못된 행동일 뿐이었다.

## 아나코-코뮌주의의 대두

새로운 사회의 윤리이자 조직원리로서의 상호부조, 그 대의를 전파할 수단인 실행을 통한 선전, 그리고 그런 과정을 거쳐서 도달할 새로운 사회인 코뮌. 크로포트킨의 사상은 크게 이렇게 정리될 수 있다.

1910년 『브리태니커 백과사전』의 '아나키즘' 항목을 직접 집필했던 크로포트킨은 "아나키즘이 근대철학·자연과학과 맺고 있는 밀접한 논리적 연관성을 보여주고, 당대 사회의 경향과 진화과정을 더 폭넓게 연구해 아나키즘에 과학적 기반을 제공하며, 아나키즘의 윤리에 기반을 놓아준 것"이 아나코-코뮌주의의 성과였다고 자평한 바 있다. 그리고 이렇게 덧붙였다. "아나코-코뮌주의는 문명사회에서 수용될 가능성이 있는 유일한 형태의 공산주의다. 따라서 공산주의와 아나키즘은 서로를 완성시켜 주는 사회의 진화방식을 지칭하는 두 가지 용어이다."

확실히 (맑스주의로 대변되는) 공산주의와 (아나코-코뮌주의로 대변되는) 아나키즘은 상당히 닮았다. 특히 미래사회의 본보기를 파리코뮌에서 찾는다는 점에서도 그렇다. 그러나 양자는 서로 다르기도 한데 이 점은 파리코뮌이 실패한 이유에 대한 평가에서도 드러난다.

가령 맑스는 파리코뮌이 실패한 가장 큰 이유를 강력한 지도부가 행사하는 강력한 지도력이 없었다는 점에서 찾았다. 새롭게 창출된 권력을 지키기 위해서라도 권력은 일사불란한 지휘체계를 갖춘 지도부에게 완전히 집중되어야 한다는 것이었다(1872년 바쿠닌을 제1인터내셔널에서 축출한 이유가 이 때문이었다).

이와 달리 크로포트킨은 파리코뮌이 실패한 이유를 파리코뮌 지도부의 권위주의에서 찾았다. "충분한 확신이 없는 이상"만을 지녔던 지

1871년 5월 8일 파리코뮌은 "과거 제국주의 왕조가 자행한 전쟁과 정복"을 상징하는 방돔 궁전의 나폴레옹 1세 동상을 철거했다. 그러나 파리코뮌의 성공을 위해서는 옛 우상들의 타파 그 이상의 조치가 필요했을 것이었다.

도부가 파리코뮌을 지지한 인민들의 열망과는 다르게 오히려 "파리의 은행, 공장, 상점, 저택소유자의 권리를 보호했다"는 것이다.

따라서 크로포트킨이 보기에 파리코뮌에게 필요했던 것은 강력한 지도부가 아니었다. 오히려 인민들의 열망에 근거한 확고한 계획, 그리고 변화에 반대하는 계급조차 이 계획에 동의할 수밖에 없도록 만드는 광범위한 사상적 작업이 필요했다. 그리고 이럴 때에만 투쟁은 "낮은 수준의 공격 본능이 분출되는 것" 이상이 될 수 있으며, 물리적 충돌로 인한 희생도 줄어들었을 것이었다.

사실 크로포트킨과 맑스가 파리코뮌을 미래사회의 대안으로 여겼던 이유는 파리코뮌이 자치와 자율에 기반하는 "인민들에 의한 인민들의 정부"를 초보적으로나마 보여줬기 때문이었다. 그렇다면 우리는 크로포트킨처럼 파리코뮌을 가능케 한 원리가 끝까지 고수되지 못한 점, 그리고 그렇게 될 수 있을 만큼 그 원리가 (인민들, 더 나아가 혁명의 적

『전쟁과 평화』의 소설가 톨스토이(왼쪽)는 '톨스토이주의'라고 불리는 평화주의의 주창자로도 유명했고, 러시아 최초의 정치비평지 『북극성』을 창간한 게르첸(오른쪽)은 러시아 지식인들의 정신적 지주였다. 크로포트킨은 이 둘을 일컬어 "아나키스트라고 자임한 적은 없지만 아나키스트적 입장을 지녔던" 거인들이라고 불렀다.

들에게까지) 더 많이 발전해 더 널리 확산되지 못한 점에서 파리코뮌이 실패한 이유를 찾아야 하지 않을까?

어떻게 보자면 이것은 코뮌을 이끌어 갈 당사자인 인민들을 신뢰하느냐 못 하느냐의 문제이기도 하다. 그리고 이 문제에 관한 한 확실히 크로포트킨이 맑스보다 한 수 위였다.

사실 인민들에 대한 깊은 신뢰는 러시아 혁명가들의 특성이기도 했다. 특히 우리에게는 소설가로서 더 잘 알려진 레프 톨스토이는 러시아 아나키즘에 영혼을 심은 인물이었다. 톨스토이는 소유와 자본, 국가권력을 죄악으로 보면서 러시아 인민들의 가난과 무지를 없애는 데 온 힘을 쏟았다. 이를 위해 톨스토이는 학교를 세워 농민들과 그 자녀들을 교육시켰고 그들을 위해 글을 썼다. 그러면서도 톨스토이는 소박한 영

전형적인 러시아의 농촌마을, 오브쉬치나의 모습을 보여주는 1840년의 한 그림. 19세기의 러시아 지식인들은 오브쉬치나를 미래사회의 맹아로 중시했다. 그러나 오브쉬치나는 농업을 자본주의화해 농민층을 혁명의 방파제로 삼으려 했던 니콜라이 2세의 내무부장관 표트르 스톨리핀의 농업개혁(1906~14년)으로 사라져 갔다.

혼을 지닌 러시아 인민들이야말로 역사의 핵심적인 동력이라고 봤다. 크로포트킨은 인민들에 대한 이런 신뢰를 이어받았다.

게다가 자치와 자율에 기반한 코뮌이라는 사회형태는 러시아에서 더 큰 의미를 갖고 있었다. 당시 러시아는 아직 산업자본주의의 물결이 닿지 않았던 농업국가로서, 러시아 농민들은 오브쉬치나(Obshchina) 라고 불렸던 공동체를 꾸리고 있었기 때문이다. 러시아 혁명가들이 노동자들보다 농민들에게 희망을 걸었던 이유는 농민들의 숫자가 압도적이기 때문이기도 했지만, 이렇듯 농민들이야말로 자본주의를 대체할 공동사회의 원리를 간직하고 있는 존재였기 때문이다.

특히 '러시아 사회주의의 아버지'로 알려져 있는 알렉산드르 게르첸은 오브쉬치나야말로 미래사회의 싹이기 때문에 사회주의가 유럽보다 러시아에서 더욱더 훌륭히 실현될 수 있다고 믿었다. 맑스조차도 1882년 출간된 『공산당 선언』의 러시아어 2판 서문에서, 부르주아적 소유관계와 구분되는 공산주의적 소유관계의 맹아를 담고 있는 오브쉬치나 덕분에 러시아가 "유럽에서 발생할 혁명적 행동의 전위"가 될지 모른다고 조심스럽게 예측할 정도였다.

물론 그렇다고 해서 아나코-코뮨주의가 러시아의 특수성에서 나온 산물일 뿐이라고 오해하면 안 된다. 크로포트킨이 『브리태니커 백과사전』에서도 밝혔듯이, 아나코-코뮨주의는 당대의 여러 사상과 과학을 종합한 사상이었다. 아나코-코뮨주의가 당대의 혁명가들에게 많은 영향을 끼칠 수 있었던 이유가 바로 이 때문이다.

어찌됐건 크로포트킨에 의해 발전된 아나코-코뮨주의의 확산은 아나키스트들과 공산주의자들 사이의 숙명적인 대결을 또 한번 가져올 수밖에 없었다. 이번 전장은 '혁명의 모국' 러시아였다.

**볼셰비키와의 대립**

인류의 역사에는 숱한 아이러니가 있다. 아나키스트들과 맑스주의자들의 관계에서도 이런 아이러니를 볼 수 있다. 예를 들어 맑스는 네차예프와의 관계를 빌미로 바쿠닌을 제1인터내셔널에서 제명했지만, 정작 맑스를 이어받은 블라디미르 레닌은 "조직가로서 뛰어난 재능을 가졌을 뿐만 아니라 자신의 사상을 공식화시키는 뛰어난 능력을 갖고 있었다"라며 네차예프에게 존경심을 표했다.

또한 1905년 러시아혁명 이후 혁명의 주역으로 칭송받던 크론슈타트의 수병들은 훗날 반혁명 세력으로 몰려 붉은 군대에게 살육된다(또

러시아혁명은 조직된 혁명이 아니었다. 따라서 혁명을 조직한 어느 위인의 동상을 세우는 것은 불가능했다. "승리를 완수할 때까지 전쟁을 계속하라! 자유여 영원하라!"라는 플래카드를 들고 혁명에 나선 러시아 노동자·농민·병사의 동상이 아니라면 말이다(위 사진). 그러나 볼셰비키는 자신들의 동상을 세우려 했고 비극은 시작됐다.

하나의 아이러니. 파리코뮌은 1871년 3월 파리에서 봉기를 시작했고, 크론 슈타트의 수병들은 그날로부터 정확히 50년 뒤인 1921년 3월 투쟁을 시작 했다. 그리고 두 코뮌 모두 무자비하게 군홧발에 짓밟혔다).

그러나 아나키스트들과 맑스주의자들의 관계에서 가장 큰 아이러 니는 러시아에서 일어났다. 아나코-코뮌주의자들이 맑스를 이어받은 러시아 공산주의자들(레닌과 볼셰비키)과 싸움을 벌어야만 했던 것이 다. 과거 프루동과 바쿠닌이 맑스와 벌였던 싸움이 현실의 해석과 운동 의 방향을 둘러싼 이론적인 것이었다면, 아나코-코뮌주의자들과 볼셰 비키의 싸움은 러시아혁명이라는 실제 혁명의 과정에서 벌어졌고 대규 모 학살과 체포, 수감이라는 비극을 불러왔다.

전러시아 소비에트 제2차 총회를 하루 앞둔 1917년 10월 25일, 볼셰비키는 동궁을 습격해 장악했다. 총회에 참석한 노동자·병사·농민 소비에트의 대표들은 이 '급습'에 격렬히 항의했으나 상황을 되돌릴 수는 없었다.

1917년 6월, 유럽과 미국을 돌며 사회주의자들을 만나고 집회에서 연설하며 아나키즘운동의 씨앗을 심던 크로포트킨은 고국을 떠난 지 약 40년 만에 다시 러시아로 돌아갔다. 페트로그라드(옛날의 상트페테르부르크)에 도착했을 때, 크로포트킨은 6만 명의 군중과 군악대의 환영을 받았다. 차르 정부를 무너뜨린 1917년 2월혁명 직후 건설된 임시정부의 수상 알렉산드르 케렌스키는 장관직과 국가연금을 제안했지만 크로포트킨은 이 제안을 거부했다. 장관직이나 연금은 아나키스트적 신념과 충돌했기 때문이다. 크로포트킨은 영웅이 되기를 원치 않았다.

2월혁명 직후부터 러시아 전역에서 조직됐던 소비에트들은 코뮌에 대한 크로포트킨의 기대를 충족시키는 듯했다. 전국 곳곳에서 노동자, 농민, 병사의 소비에트가 건설되어 스스로 공장, 농장, 군대를 관리하기 시작했던 것이다. 바야흐로 국가 없는 코뮌들의 연합이라는 크로포트킨의 꿈이 완연히 실현되는 것처럼 보였다. 그러던 중 1917년 10월 25일 볼셰비키혁명이 발발해 무능한 케렌스키 내각이 무너졌다. 아나키스트들은 볼셰비키의 프롤레타리아 독재만큼 당시의 무능한 의회를 경멸했기에 볼셰비키혁명에 적극 동참했다. 그러나 다음날 볼셰비키가 소브나르콤(인민위원평의회)이라는 소비에트 정부를 수립하자 아나키스트들은 당황하기 시작했다.

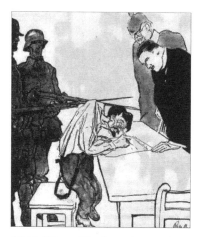

브레스트-리토프스크 강화조약으로 볼셰비키 정부는 옛 러시아의 영토 80만km², 철강과 석탄 자원의 75%를 잃었다 (위 그림은 협상체결자 트로츠키를 풍자한 그림이다).

10월 27일, 볼셰비키는 정부 비방을 전면 금지하는 포고령을 발표했다. 12월 20일에는 과거 차르의 비밀경찰을 본뜬 '체카'를 창설했고, 1918년 3월 3일에는 "러시아혁명을 위한 일시 휴식"이 필요하다는 레닌의 주장에 따라 벨로루시의 브레스트-리토프스크에서 독일과 굴욕적인 강화조약을 체결해 유럽 전역까지 혁명이 전파될 기회를 스스로 차단했다.

그러자 아나키스트들 사이에서는 소비에트 '정부'를 타도하고 자율적인 소비에트를 재건해야 한다는 목소리가 커졌다. 결국 1918년 봄이 되자 많은 아나키스트들은 레닌이나 볼셰비키와 완전히 갈라설 것을 결의하게 됐다. 당시 크로포트킨을 지지하던 '빵과 자유'라는 대중조직도 소비에트 정부에 대한 저항을 시작했다. 물론 끝까지 레닌을 믿으며 뜻을 같이하려 했던 아나키스트들도 있었고, 이 때문에 아나키스트들 내부의 분열과 갈등이 깊어지기 시작했다.

한편 우크라이나와 모스크바의 일부 아나키스트들은 아나키즘의 실현을 위해 검은근위대를 만들어 선전활동을 개시하고, 귀족들과 부르주아지의 재산을 몰수하기 시작했다. 그러자 1918년 4월 12일 소비에트 정부는 체카와 적군을 동원해 강제로 검은근위대를 해산시키려 했고, 이 와중에 40명의 아나키스트들이 죽거나 부상당했으며 5백여 명 이상이 체포되어 수감됐다(볼셰비키와 아나키스트들 사이의 휴전협정은 차르체제를 부활시키려는 백군이 소비에트 정부를 공격하게 된 1918년 가을경 이뤄졌다. 혁명을 지키기 위해서는 어쩔 수 없었을 것이다).

사실 아나키스트들과 볼셰비키의 대립은 근본적인 것이었다. 볼셰비키에게 프롤레타리아 독재는 혁명을 방어하고 승리로 이끌기 위해 반드시 필요한 단계였다. 그리고 이 독재는 노동자·농민이 아니라 잘 조직되고 규율을 갖춘 엘리트 정치가들(혁명가들)에 의해 추진되어야 했다. 영국의 소련전문가 로버트 서비스는 『레닌』(2000)에서 실제로 레닌이 "공공연한 공포정치를 지시하고 명령하고 허가했다"고 주장한다. 이런 공포정치에 맞서 1919년 9월 아나키스트 단체들은 "프롤레타리아트 독재는 인간과 억압받는 자의 권리를 비웃는 지극히 불손한 수단에 지나지 않는다"라고 비판하는 아나키스트 선언을 발표하기도 했다.

크로포트킨도 소비에트 정부에 강한 불만을 품고 있었다. 당시 크로포트킨은 볼셰비키에 직접적인 박해를 받지는 않았지만, 모스크바에서 북쪽으로 65킬로미터 떨어져 있는 드미트로프라는 시골로 떠나야 했다. 크로포트킨은 볼셰비키가 "혁명을 매장시켰다"고 비판했고, 1919년 5월에는 모스크바에서 레닌을 직접 만나 반대의견을 폈다. 그리고 1920년 3월에는 레닌에게 편지를 보내 러시아가 "말로만 소비에트 공

크로포트킨이 말년을 보낸 드미트로프의 자택. 1918년 6월 드미트로프로 이주한 크로포트킨은 그곳에서 협동조합의 이론과 실천을 고민하고 『윤리학』의 집필에 전념했다. 1921년 드미트로프를 방문한 미국의 아나키스트 엠마 골드만 은 『러시아에 대한 나의 환멸』(1925)이라는 저서에서 크로포트킨의 이 이주가 "원하지 않은 망명"이라고 말했다.

화국"이고 "지금 러시아를 지배하는 건 소비에트가 아니라 당위원회들" 이라고 비판했다. 그러나 이런 비관적인 현실에서도 크로포트킨은 혁명 의 미래에 대한 희망을 결코 포기하지 않았고 미래사회의 토대가 될 윤 리학에 관한 글을 계속 집필했다.

## 크로포트킨과 마흐노

1918년 6월, 크로포트킨은 모스크바에서 우크라이나 출신의 마흐노라 는 사람을 만나 대화를 나눴다. 이 마흐노라는 흥미로운 인물을 통해 우 리는 러시아 아나키즘의 흥망성쇠를 구체적으로 살필 수 있다.

마흐노는 1889년 10월 27일 우크라이나의 가난한 농민의 아들로 태어났다. 한 살 때 아버지를 여읜 마흐노는 어릴 적부터 일을 하며 네

브레스트-리토프스크 강화조약이 체결된 지 몇 개월 뒤인 1918년 7월 4일, 마흐노는 자신의 농민부대(정식 명칭은 '우크라이나혁명봉기군')를 이끌고 '우크라이나혁명'을 일으켰다. 20세기 최초의 아나키스트혁명으로 기록된 이 혁명을 통해 마흐노와 그의 농민부대는 자신들이 점령한 '해방구'에서 크로포트킨의 아나코-코뮨주의를 몸소 실천했다.

명의 동생을 책임져야 했다. 17살에 마흐노는 우연히 아나키스트 모임에 가입하게 됐고, 19살에 경찰관을 공격했다가 재판에 회부되어 교수형을 선고받았지만 어린 나이 덕분에 무기징역으로 감형됐다.

그러던 중 1917년 2월혁명으로 감옥에서 풀려난 마흐노는 고향으로 돌아와 소비에트를 조직했고, 소비에트 의장으로 활동하며 농민들에게 토지를 분배했다. 그러나 소비에트 정부가 독일과 강화조약을 체결하며 그 대가로 우크라이나를 독일에게 넘겨주자 마흐노는 독일 제국주의에 맞서는 저항을 시작했다. 그러나 힘이 너무나 미약했기에 마흐노는 볼가강을 건너 도주해야 했다.

1918년 6월 모스크바에 도착한 마흐노는 그곳에서 레닌과 크로포트킨을 만나게 된다. 당시의 레닌은 마흐노에게 우크라이나의 상황과 농민의 입장을 물으며 마흐노를 자기편으로 끌어들이려고 했다. "만일 아나코-코뮨주의자들의 1/3만이라도 당신과 비슷하다면, 우리 공산주의자들은 분명하고 공개적인 조건에서 생산자들의 자유로운 조직을 위해 일하도록 아나키스트들과 협력할 준비가 되어 있소."

그러나 당시 러시아 최고의 아나키스트였던 크로포트킨은 젊은 마흐노를 지도하려 들지 않고 스스로 삶을 선택하도록 했다. 마흐노가 어떻게 해야 할지 묻자, 크로포트킨은 이렇게 대답했다. "동무, 이 문제는 당신 인생에서 크나큰 위험을 내포하고 있소. 오직 당신 자신만이 문제를 바르게 풀 것이오." 그리고 마흐노가 떠나려고 일어서자 크로포트킨은 이렇게 덧붙였다. "친애하는 동무, 우리의 투쟁은 감상이란 것을 알지 못하오. 자신이 선택한 목표를 향한 길에서는 이기적이지 않은 마음과 의지, 그리고 강직함만이 모든 것을 정복할 것이오."

마흐노가 누구의 말을 경청했는지는 곧 밝혀졌다. 마흐노는 1918년 7월 볼셰비키와의 협력을 단호하게 거부하고는 다시 고향으로 돌아가 농민들을 이끌고 독일군과 오스트리아군, 우크라이나 민족주의자와 백군에 맞서는 4중의 고독한 투쟁을 전개하기 시작했다.

마흐노의 농민부대는 소규모 단위로 이동하고 갑자기 기습하는 게릴라 전술과 기관총이 장착된 짐마차를 이용해 여러 전투들에서 큰 승리를 거뒀다. 당시 마흐노는 농민들에게 아버지라고 불릴 만큼 큰 신임을 받았는데, 한 지역을 점령할 때마다 다음과 같이 연설했다.

형제들이여, 우리는 여러분을 도우러 왔습니다. 우리는 지주들과 그들의 마름들을 따랐지만, 이제 우리는 자유인입니다. 정의와 평등의 이름으로 여러분끼리 땅을 분배하십시오. 그리고 모두의 행복을 위해 동등한 관계에서 일하십시오.

이와 같은 마흐노의 연설은 이론적인 청사진을 제시하기보다는 인민들이 스스로 자치적이고 자율적으로 결정을 내리게 하는 아나코-코뮨주의의 특성을 잘 보여준다. 실제로 마흐노는 자신이 장악한 우크라이나 지역에서 농민들의 코뮨을 건설했다. "자신들의 모든 생활영역에서 스스로 올바르다고 생각하는 한, 특정한 방식으로 자신을 조직하고 상호이해에 도달하는 건 노동자와 농민의 몫이다"(흥미롭게도 마흐노는 제일 먼저 건설된 코뮨에 당시 독일혁명에서 순교했던 로자 룩셈부르크의 이름을 붙였다. 이것은 마흐노가 다른 이념에 편견을 갖지 않았다는 점을 잘 보여준다). 1~3백 명 규모로 이뤄졌던 이 코뮨들은 따로 노동력을 고용하지 않아도 될 만한 크기의 땅과 농기구를 구성원들에게 제공했다. 그리고 이 코뮨들은 "능력에 따라 일하고 필요에 따라 가져간다"라는 크로포트킨의 원리를 자신들의 근본적인 교리로 받아들였다.

1919년 3월 마흐노의 농민부대와 볼셰비키는 안톤 데니킨의 백군에 맞서 합동군사작전을 벌인다는 협정을 맺었다. 그러자 볼셰비키는 마흐노를 '용맹한 빨치산'으로 칭송했다. 그러나 백군이 쇠약해지고 마흐노의 세력이 커지자 볼셰비키는 마흐노를 '산적'으로 비난하기 시작했고, 급기야 폴란드와 벌인 침략전쟁에 마흐노의 군대를 이용하려 했다. 당연히 마흐노가 이를 거부했다. 결국 1919년 6월 4일, 당시 혁명군사혁명위원회 의장이었던 레프 트로츠키는 일명 '1824호 지시'를 통해 또 다시 마흐노를 비방하고 그의 농민부대를 공격하기 시작했다.

최후의 망명지 파리에서도 마흐노는 '노동의 대의'(Dielo Trouda)라는 러시아 망명 아나키스트들의 단체에 가입, 러시아혁명과 우크라이나혁명의 경험에 근거해 아나키스트들의 전략과 강령을 정리하는 등 결코 활동을 멈추지 않았다(위 사진은 1926년경 동료 아나키스트 알렉산드르 베르크만과 파리에서 찍은 사진이다).

그러던 중 1920년 10월 다시 백군이 크리미아 반도로 진군하자 마흐노의 농민부대와 볼세비키 사이에는 또 한번 화해가 이뤄졌다. 그러나 11월 25일 적군이 승리를 거두자마자 그 다음날인 26일 체카가 마흐노 농민부대의 지휘관들을 급습해 총살했고 마흐노의 코뮌을 공격했다. 마흐노는 이를 피해 우크라이나를 헤매다 국경을 넘어 간신히 탈출했고 동유럽을 헤매다 1925년에 프랑스로 망명했다. 그 뒤 파리에서 노동자로 생활하다 1934년 7월 25일 결핵으로 사망했다.

마흐노는 크로포트킨의 조언대로 타협을 거부하며 자신이 선택한 길을 걸었고, 바로 그 때문에 낯선 타국 땅에서 비참하게 삶을 마감해야 했다. 러시아 아나키즘도 이런 운명을 뒤따랐다.

## 고독한 죽음과 장엄한 장례식

1921년 1월, 79세의 크로포트킨은 폐렴을 심하게 앓았다. 유럽 망명시절부터 심장질환을 앓고 있었던 데다가 마흐노와 그의 농민부대가 맞이한 비극적인 소식으로 큰 충격을 받았던 크로포트킨의 병세는 나아질 기미를 보이지 않았다.

그리고 3주 뒤인 2월 8일, 크로포트킨은 『윤리학』을 저술하던 드미트로프의 오두막에서 조용히 숨을 거뒀다.

레닌은 국장(國葬)을 제안했지만 급하게 조직된 아나키스트와 조합주의자들의 장례위원회가 장례식을 주관했다. 당시 모스크바 소비에트의 의장이었던 레프 카메네프는 국제여론에 밀려서 감옥에 수

노보제비치 수도원의 공동묘지에 자리한 크로포트킨의 묘비. 안톤 체호프, 니콜라이 고골리 등 러시아의 유명 예술가들이 묻힌 이 공동묘지는 모스크바에서 가장 인기 있는 관광지 중의 하나이기도 하다.

감중이던 아나키스트들이 장례식에 참석하는 것을 허가했다. 그리고 이 장례식은 볼셰비키 정권이 승인한 최후의 아나키스트 집회가 됐다.

지독히 추운 겨울 날씨에도 불구하고 2만여 명의 인파가 장지인 모스크바의 노보제비치 수도원까지 크로포트킨의 마지막 걸음을 뒤따랐다. 장례행렬은 아나키스트들의 석방을 요구하는 문구와 "권위가 있는 곳에 자유는 없다", "노동계급의 해방은 노동자 스스로의 일이다"라는 구호가 쓰인 플래카드와 검은 깃발을 들었다. 게다가 장례행렬이 부튀르키 감옥을 통과할 즈음에는 죄수들이 창살을 흔들며 아나키스트 찬가

를 목청껏 불렀다. 크로포트킨의 제
자들은 스승의 덕을 기리는 글에서
"새로운 독재자, 즉 지하실에서 일
하는 도살자에게 맞서, 그리고 혁명
을 짓밟는 정부의 폭력이 사회주의
에 드리운 불명예에 맞서 가차없이
저항하겠다"고 맹세했다.

크로포트킨의 죽음과 함께 러
시아 아나키즘도 서서히 종말을 고
했다. 특히 볼셰비키혁명의 일등 공
신으로 트로츠키의 칭송을 받던 크
론슈타트의 수병들이 1921년 3월 2
일 소비에트 정부에 맞서 일으킨 반

1905년 포템킨호 승무원들의 반란이 1917년의 러시아혁명을 촉
발했듯이, 1921년 크론슈타트 수병들의 반란은 레닌의 '전시공산
주의' 정책을 끝장냈다(위 사진의 앞줄 왼쪽에서 두번째 인물이 크론슈
타트 반란의 지도자 스테판 페트리첸코이다).

란은 러시아 아나키스트들의 마지막 몸부림이었다. 반란을 일으킨 크론
슈타트의 임시혁명위원회는 "당은 노동자가 제기한 모든 요구를 중시
하지 않았다. 당은 그 요구들을 반혁명의 음모로 간주하고 있다. 당은
심한 오류를 범하고 있다"는 선언서를 주민들에게 발표했다. 그리고
"노동대중에게서 최후의 사슬을 벗겨내고 사회주의 창조를 위한 새로
운 큰 길을 개척하는 제3의 혁명"을 주장했다.

그러나 바로 그때 한창 진행 중이던 러시아공산당 제10차 당대회
는 크론슈타트의 수병들이 반혁명 세력과 백군에게 매수됐다고 비난했
다. 그리고 이런 반란을 막기 위해 모든 분파의 해체를 결의하는 안건을
결의했다. 그것도 '민주집중제'의 이름으로!

3월 17일, 5만여 명의 적군은 결국 크론슈타트 요새를 무력으로 점령했다(하루 뒤인 3월 18일, 볼셰비키는 천연덕스럽게 파리코뮨 50주기 기념행사를 열었다). 그 뒤에는 본보기로 무자비한 학살과 철저한 탄압이 이뤄졌다. 이후 러시아 아나키스트들은 더욱더 심한 탄압을 받았고, 이 때문에 국제적인 비난의 여론이 일자 소비에트 정부는 아나키스트 죄수들이 러시아를 떠난다는 조건으로 그들을 석방했다.

아나키스트들의 석방을 위해 싸웠던 아나키스트 알렉산드르 베르크만은 러시아를 떠나며 일기에 다음과 같은 글을 남겼다.

하루하루가 암울하다. 하나씩 희망의 깜부기불이 꺼졌다. 테러와 전제주의가 10월에 태어난 생명을 짓뭉갰다. 혁명의 구호는 부인되고 그 이상은 인민들의 피 속에 사라졌다. 어제의 활력은 수백만 명에게 죽음을 선고했다. 오늘의 그림자는 검은색의 관을 덮는 휘장처럼 전국에 드리웠다. 독재가 인민들을 짓밟고 있다. 혁명은 죽었다. 그 정신이 황야에서 울부짖고 있다. …… 나는 러시아를 떠나기로 결심했다.

『상호부조론』의 유산

아나키즘은 바쿠닌과 크로포트킨의 고향인 러시아뿐만 아니라 세계 전역에 그 뿌리를 내렸다. 특히 크로포트킨이 1897년과 1901년 두 차례 북아메리카를 방문해 강연회를 열었을 때 크로포트킨의 강연을 듣기 위해 몰려들어 와 크나큰 감동을 받았던 많은 사람들은 아나코-코뮨주의를 실현하기 위해 코뮨운동을 벌였다.

이렇게 아나키즘이 뿌리를 내릴 수 있었던 것은 크로포트킨뿐만 아니라 수많은 아나키스트들이 대중을 상대로 연설하고 실행을 통한 선전과 직접행동을 행했기 때문에 가능했다. 프루동의 고향인 프랑스는 물론이고 이탈리아, 스페인, 독일 같은 유럽의 여러 나라들과 미국, 남아메리카 등지에서도 아나키스트들의 활동이 대중의 관심을 자극했고 대중운동을 성장시켰다.

아나코-코뮨주의의 영향을 받은 가장 대표적인 대중운동으로는 1914년 발발한 제1차 세계대전 당시의 반전운동과 징병거부운동, 그리고 1936년 발발한 스페인 시민전쟁 당시의 의용군운동 등이 있다. 특히 스페인 시민전쟁은 보통 프란시스코 프랑코라는 스페인의 파시스트 독재자와 공화주의자들 사이의 전쟁으로 축소 해석되어 왔지만, 실제로는 스페인을 무대로 벌어진 유럽 제국주의·권위주의 세력 대 사회주의·아나키즘 세력의 대결이었다.

### 유럽과 아메리카의 아나키즘

처음으로 자기 자신을 아나키스트라 칭한 사람인 프루동과 바쿠닌의 영향을 받은 프랑스에서는 노동조합을 중심으로 상호주의와 조합주의가 꾸준히 성장했다. 심지어 1871년 파리코뮨이 실패한 이후에도 아나코-

조합주의는 지속됐다. 그러나 1872년 모든 사회주의 활동을 금지하는 특별법이 통과되자 아나키즘운동은 위축되고 비밀 단체의 형식을 취할 수밖에 없었다.

이런 상황에서도 프랑스의 아나키즘은 크로포트킨을 도와 1879년『반란자』를 창간했던 폴 브루스 같은 아나키스트들의 활약으로 명맥을 유지할 수 있었다. 그리고 1881년이 되면 프랑스의 아나키스트들은 사회주의자들과 결별하고 독자 노선을 걷기 시작했다(이 결별은 앞서 프루동이나 바쿠닌이 맑스와 논쟁을 벌였듯이

1930년대까지 유럽의 아나키스트들은 숫자 면에서도 압도적이었고 전투력에서도 가장 막강했다(위 사진은 1917년 스페인의 레옹에서 일어난 총파업 장면이다).

의회참여와 정치활동을 바라보는 근본적인 입장차이 때문이었다). 우드콕의 계산에 따르면, 1880년대의 프랑스에는 약 50개의 아나키스트 단체가 존재했고, 어림잡아 3천여 명의 적극적인 활동가와 그 이상의 수많은 지지자들이 있었다.

그러나 프랑스의 아나키즘운동은 점점 테러에 의존하게 되고 실제로 몇 건의 테러사건에 연루되면서 극심한 탄압을 받게 됐다. 특히 1894년 2월 12일 프랑스 아나키스트 에밀 앙리가 파리의 생나자르 역 근처에 있던 카페에 폭탄을 투척한 사건, 그리고 5월 21일 처형당한 앙리의 복수를 갚는다며 이탈리아 아나키스트 산토 카세리오가 6월 24일 당시 프랑스 대통령이었던 마리 프랑수아 사디 카르노를 리옹에서 암살한 사건은 정부의 극심한 탄압을 불러왔다.

프랑스 부르주아지의 상징이라는 이유로 테르미누스라는 카페에 폭탄을 던진 앙리는 "왜 무고한 사람들을 다치게 했느냐?"는 판사의 질문에 "무고한 부르주아란 없소"라고 대답했다. 앙리의 행동은 폭력을 행사해도 권력자 개인만을 목표로 삼는다는 아나키스트들의 암묵적인 규칙을 어긴 것이기에 동료들 사이에서도 많은 논란을 일으켰다.

결국 프랑스 의회는 반(反)아나키스트 특별법을 만장일치로 통과시켰다. 이 법은 아나키즘과 관련된 모든 선전활동을 금지했고, 재판관들에게 정기간행물을 검열할 권한을 부여했으며, 수감된 아나키스트들의 옥중활동을 규제하기 위해 그들을 독방에 가둘 수 있게 했다.

이런 탄압을 받으면서도 프랑스 아나키즘운동은 다시 노동조합을 건설하는 방향으로 발전했고, 노동거래소운동을 통해 노동거래소연합이 조직된다. 그리고 1895년에는 노동총연맹이 설립되어 아나키스트들이 강한 영향력을 행사했다. 아나키스트들의 영향력은 1906년 노동총연맹이 선언한 아미앵 헌장으로 증명됐다. 이 헌장을 통해서 노동총연맹은 기존 정당의 존재를 부정하고 직접행동에 의한 사회혁명 실현, 노동조합에 의한 생산과 분배의 조직을 선언했다.

그러나 프랑스에서 사회주의운동이 조직화되던 1908년을 기점으로 아나키스트들의 영향력은 약해지기 시작했다. 게다가 제1차 세계대전 당시 아나키스트 지도자들(크로포트킨도 그 중 한 명이었다)이 연합국을 지지하자 아나키스트들의 내부 분열도 극심해졌다.

제1차 세계대전이 끝난 뒤 1920~30년 대에는 프랑스 정부가 정치적 망명자들에게 도피처를 제공하면서 파리와 프랑스 남부가 또 다시 아나키즘의 중심지가 되는 듯했다. 그러나 이 정치적 망명자들은 각자의 불안정한 생활 탓에 프랑스의 아나키즘운동에 그다지 큰 영향을 미치지 못했다.

말라테스타는 스위스에서 크로포트킨과 더불어 『반란자』를 편집하기도 했지만, '혁명적 서두름' 이라는 말로 폭력을 ( '부분적' 으로나마) 정당화했다는 점에서는 오히려 바쿠닌과 생각을 같이 했다.

이탈리아에서는 1870년대부터 바쿠닌주의가 영향력을 행사하기 시작했는데, 카를로 카피에로와 에리코 말라테스타가 아나키즘운동의 지도자로 이름을 날렸다. 이들은 바쿠닌의 가르침에 따라 1873년 사회혁명위원회를 만들었고, 실제로 볼로냐와 베네벤토에서 폭동을 일으켰으나 실패했다. 이런 폭동이나 테러와의 연관성 때문에 이탈리아 아나키스트들은 정부의 심한 탄압을 받게 됐고, 대중에게도 나쁜 인상을 남겼다. 결국 1894년 9월 이탈리아에서도 아나키즘을 불법화하는 법이 공포되어 사회주의와 아나키즘을 받아들인 모든 노동조합이 파괴됐다.

이런 탄압에도 불구하고 이탈리아 아나키스트들은 1907년 노동회의와 지방조합에 기초를 둔 저항단체위원회를 건설했고 1912년에는 이탈리아조합연합을 조직했다. 그러나 1920년의 공장점거운동과 총파업이 실패하면서 다시 개인주의적인 테러리스트들이 등장하기 시작했고 아나키즘운동은 서서히 힘을 잃어 갔다. 특히 베네토 무솔리니의 파시스트운동은 아나키즘운동에 종지부를 찍었다.

이탈리아 아나키스트 중에서는 특히 말라테스타의 역할이 중요했다. 말라테스타는 이탈리아 아나키즘운동이 지나치게 노동조합을 기반으로 활동하는 것을 견제했을 뿐만 아니라, 노동조합의 관료주의 경향을 비판하고 코뮨의 자율적인 결정과 조합의 활동을 결합시키려 했다. 그리고 국경을 넘어선 노동자들의 연대를 강조하며 국제주의를 주장했고, 다른 사람들과의 협력을 통해서만 개인의 자발성이 발전할 수 있다고 주장했다. 1924년 레닌이 사망하자 말라테스타는 "레닌은 세상에서 가장 훌륭한 뜻을 품고 있었는지 몰라도 압제자임이 분명했다. 그는 러시아혁명을 목 졸라 살해한 자였다. 우리는 생전의 그를 좋아할 수 없었던 것처럼 죽은 그를 위해 눈물을 흘릴 수 없다"고 말했다. 1932년 7월 22일 말라테스타는 파시스트 정권의 감시 속에서 사망했다.

맑스의 조국인 독일과 그의 망명지였던 영국에서는 아나키즘의 영향력이 그다지 강하지 않았다. 프루동이나 바쿠닌은 영국과 독일에서 지지자를 거의 확보하지 못했고, 크로포트킨이 런던에서 『자유』라는 잡지를 발행하기도 했지만 그 영향력은 그리 강하지 않았다.

그러나 독일에도 구스타프 란다우어 같은 영향력 있는 아나키스트가 있었다. 언론인, 철학자, 소설가, 문학비평가였던 란다우어는 수많은 아나키즘 관련 저작을 번역했을 뿐만 아니라 현실의 실천운동에도 적극적으로 참여했다. 란다우어는 사회주의의 권위주의와 독단성을 비판하면서 크로포트킨처럼 코뮨을 건설하려 했다. 그런데 란다우어는 자본주의와의 전면전보다 인민은행의 건설, 교육, 자발적인 협동을 선호했다.

윌리엄 셰익스피어, 오스카 와일드 등의 뛰어난 번역자이기도 했던 란다우어(왼쪽)는 1918년 독일혁명 이후 건설된 '바이에른 소비에트공화국'에서 계몽·대중교육인민위원을 맡기도 하는 등 뛰어난 교육자이기도 했다. '영국 사회주의의 개척자'라고도 불리는 모리스(오른쪽)는 근대 예술운동의 기원이 된 '미술공예운동'의 지도자로 예술의 혁명에도 앞장섰고, 알프레드 테니슨이 사망한 1892년에는 영국의 계관시인에 천거됐을 만큼 뛰어난 시인이기도 했다.

자신의 유명한 저서 『혁명』(1908)과 『사회주의에 대한 호소』(1911)에서 란다우어는 현재 존재하는 사회의 '외부'와 '옆'에 자유로운 사회를 건설하자고 인민들에게 호소했다. 그러던 중 란다우어는 1919년 2월의 바이에른 봉기에 개입했다가, 5월 2일 로자 룩셈부르크처럼 파시스트 의용군에게 체포되어 총살당한 뒤 시신이 길거리에 버려졌다.

영국에는 윌리엄 모리스라는 뛰어난 아나키스트가 있었다. 영국에서는 1884년 아나키스트들의 주도로 사회주의자연맹이 만들어졌는데, 그 단체에서 모리스는 『공공의 복지』라는 잡지를 발행했다. 모리스는 『공공의 복지』에 소설을 연재했는데, 이 연재소설은 1890년 『유토피아에서 온 편지』라는 제목으로 출판됐다. 이 책에서 모리스는 250년 뒤의 사회주의 사회를 구체적으로 묘사하면서 정부와 재산권을 없앤 코뮌이

두 명의 위대한 아나키스트 프루동(왼쪽)과 크로포트킨(오른쪽) 사이에 있는 마공의 모습(멕시코 벽화가 다비드 알파로 시케이로스가 멕시코시티의 차풀테페크성 국립역사박물관에 그린 벽화의 일부).

가능하다고 주장했다. 그리고 사회변혁을 위한 전쟁을 시작하기 전에 장기간의 교육과정이 필요하다고 주장했다(특히 모리스는 반〔反〕의회주의 성향을 두드러지게 보였는데 『유토피아에서 온 편지』의 미래사회에서 국회의사당은 거름창고로 사용된다).

1890년대부터 유럽 대륙에서의 극심한 탄압을 피해 아메리카 대륙으로 대거 이주하기 시작했던 유럽의 아나키스트들은 이 신대륙에서 아나키즘운동이 확산되는 데 결정적인 기여를 했다.

특히 유럽 아나키스트들의 적극적인 활동이 꽃피운 곳은 멕시코, 브라질, 페루, 칠레, 아르헨티나 등지였다. 그 덕분에 1920년대 초까지 이곳의 노동조합들은 대부분 아나코-조합주의 성향을 띠었다. 아르헨티나에서는 이탈리아 아나키스트인 피에트로 고리의 영향으로 1901년 아르헨티나지역노동자연합이 만들어졌는데, 회원수가 약 20만 명에 달했다. 1906년 창설된 브라질노동연맹에서도 아나키스트들이 주도권을 잡았다. 멕시코에서는 리카르도 마공이 크로포트킨의 『빵의 쟁취』에 이론적 바탕을 둔 코뮌들을 건설하기 위해 노력했다.

### 전쟁과 징병에 대한 비판

원칙적으로 아나키스트들은 제국주의 국가들의 전쟁을 거부했다. 가령 바쿠닌은 '전쟁국가'라는 개념으로 국가와 전쟁이 떨어질 수 없는 관계라는 점을 지적했고, 란다우어 역시 "전쟁은 국가의 가장 분명하고 투명

전쟁과 군국주의 비판의 일환으로 전개된 양심적 병역거부가 널리 확산된 데에는 그 누구보다도 아나키스트들의 헌신이 컸다. 양심적 병역거부를 시작했던 아나키스트들은 "이 사람은 반역자"라는 글씨가 적힌 의자에 강제로 앉혀지는 공개적인 굴욕을 당하거나 강제노동수용소로 보내지기도 했지만 결코 신념을 굽히지 않았다.

한 표현이다"라고 주장했다. 즉, 당시의 여러 사회주의 유파 중에서도 가장 격렬하게 군국주의를 반대했던 것은 아나키즘이었다.

그런데 제1차 세계대전 발발 2년 뒤인 1916년, 크로포트킨이 성명서를 발표해 독일에 맞선 연합국을 지지하는 사건이 일어났다. 크로포트킨이 아나키즘의 신념을 깨고 전쟁을 지지한 사실에 대해서는 여러 가지 해석이 있지만, 독일의 군국주의가 파리코뮌의 프랑스와 유럽의 진보운동을 파괴할지 모른다는 두려움이 컸던 것으로 보인다.

더구나 크로포트킨은 성명서에서 자신이 국제주의의 원칙에 의거해 연합국을 지지한다는 점을 분명하게 밝혔다.

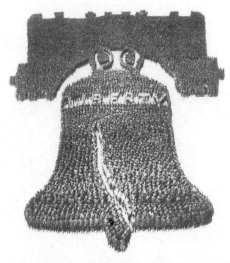

1918년 미국에서는 2만5천여 명의 참전군인들이 '해방'이라는 글씨가 적힌 총 길이 190m의 인간종을 만들어 반전의 기치를 널리 드높였다. 크로포트킨 역시 이 인간종을 만든 참전군인들처럼 전세계 모든 사람들이 군국주의(특히 독일)에서 해방되기를 바라며 '조건부로' 전쟁을 지지했지만, 동료 아나키스트들은 이에 격렬히 반발하며 크로포트킨과 결별했다. 그 중에는 골드만과 말라테스타 등 크로포트킨을 스승으로 생각하는 이들도 적지 않았다.

우리는 저항군의 편이고, 우리의 운명이 나머지 국민의 운명과 따로 떨어져 있다고 생각하지 않는다. …… 비록 전쟁으로 인해 살인을 저질렀지만, 우리는 인민들의 단결과 국경선의 소멸을 바라는 국제주의자임을 망각한 적이 없다. 그리고 우리는 독일 인민들까지 포함해서 인민들의 화해를 원하기 때문에, 해방에 대한 우리의 모든 희망을 꺾는 침략자에 저항해야 한다고 생각한다.

그러나 이보다 앞선 1915년 2월 12일, 미국 아나키스트 엠마 골드만의 주도로 말라테스타를 비롯한 34명의 아나키스트들은 이미 '침공으로서의 전쟁'과 '방어로서의 전쟁'은 구별되지 않는다고 선언한 바 있었다. 이들은 "교전국들 중 어느 나라도 정당하게 문명을 수호하고 있다고 공언할 만한 권리는 없으며", 전쟁의 모든 책임은 "오직 국가라는 존재"에 있다고 주장하며 전쟁 자체를 반대했다.

결국 이와 같은 입장 차이로 말라테스타 역시 크로포트킨을 비판할 수밖에 없었다. 그리고 이로 인해 아나키즘운동의 내부 분열이 커졌을 뿐만 아니라 크로포트킨도 운동에서 고립됐다.

사실 아나키스트들도 맑스주의자들처럼 이 최초의 세계대전을 혁명의 기회로 여겼기 때문에 전쟁의 찬성과 반대 사

당시 미 법무부 첩보국(훗날의 FBI)의 국장이었던 존 에드거 후버가 "미국에서 가장 위험한 아나키스트"라고 불렀을 만큼 미국에서 막대한 영향력을 가졌던 골드만은 1917년 징병거부운동을 주도해 투옥된 뒤 1919년 영구 추방됐다.

이에서 갈팡질팡했다. 그리고 이런 혼란이 아나키즘운동의 쇠퇴를 초래했다는 주장도 있다. 그러나 제1차 세계대전 동안 대부분의 아나키스트들은 자신이 살고 있던 국가나 망명지에서 반(反)군국주의 노선을 주장하다 정부의 추적을 받고 투옥되거나 추방됐다.

또한 아나키스트들은 전쟁만이 아니라 그 전쟁을 치르기 위한 징병에도 반대했다. 사실 아나키스트들은 늘 경찰과 군대 같은 억압기구와 징병제도의 폐지를 주장해 왔다. 러시아 출신의 미국 아나키스트 베르크만은 1917년 미국이 제1차 세계대전에 참전하자 징병거부를 선동했고, 곧장 체포되어 2년형을 선고받았다. 그리고 골드만도 징병법을 비난하다 옥살이를 해야만 했다.

"만일 전쟁으로 내 꿈이 실현될 기회가 온다고 해도 나는 전쟁에 반대할 것이다. 그 누구도 시쳇더미 위에 인간의 사회를 건설할 수는 없는 법이다"라는 명언을 남긴 르쿠앵은 양심적 병역거부자들을 위해 평생을 바쳤다.

강제징병을 거부하는 양심적 병역거부 역시 아나키스트로부터 시작됐다. 특히 프랑스 아나키스트 루이 르쿠앵의 노력은 주목할 만하다. 당시 군인이던 르쿠앵은 1910년 소속부대가 철도원들의 파업을 저지하라는 명령을 받고 출동하자 돌격을 거부하고 군형무소에 수감됐다(이때부터 르쿠앵은 생애의 12년을 감옥에서 보내야만 했다).

1912년 제대한 뒤 르쿠앵은 아나키스트 단체에서 활발히 활동했다. 그러던 중 1914년 제1차 세계대전이 터지고 정부의 소집명령이 떨어지자 르쿠앵은 그 명령을 거부하고 또 다시 수감됐다. 그 뒤에도 르쿠앵은 두 번이나 부대에 복귀하기를 거부했다.

르쿠앵의 이런 독보적이고 영웅적인 노력으로 프랑스에서는 1957년부터 양심적 병역거부를 지지하는 운동이 대대적으로 시작됐지만 별 성과를 거두지 못했다. 결국 64세의 르쿠앵이 다시 나서야 했다. 르쿠앵은 22일간의 단식투쟁을 통해 정부를 압박했고, 1963년 12월 21일 정부는 양심적 병역거부자들을 위한 법안을 공표할 수밖에 없었다.

## 스페인 시민전쟁 중에 꽃핀 "평등과 자유의 시대"

영국 영화감독 켄 로치의 「땅과 자유」(1995)는 스페인 시민전쟁(1936~39년)을 다룬 영화이다. 이 영화에서도 볼 수 있듯이 스페인 시민전쟁은 한 국가 내부의 전쟁이 아니라 유럽 제국주의·파시즘 세력 대 사회주의·아나키즘 세력의 대리전으로 봐야 한다. 왜냐하면 유럽 열강과 파시스트들이 프랑코를 지원했다면, 유럽의 사회주의자들과 아나키스트들은 자발적으로 의용군을 조직해 전쟁에 참여했기 때문이다.

의용군으로 스페인 시민전쟁에 참여했던 영국의 작가 조지 오웰은 이 전쟁의 기록을 『카탈로니아 찬가』(1938)라는 제목으로 출판했다. 이 책에서 오웰은 이렇게 주장하고 있다. "스페인에서 벌어진 일은 사실 단순한 내전이 아니라 혁명의 시작이었다. 스페인 외부의 반파시스트 언론은 이 사실을 일부러 모호하게 만들었다. 쟁점은 '파시즘 대 민주주의'로 좁혀졌다. 혁명적 측면은 최대한 은폐됐다."

즉, 스페인 내전이라는 표현은 파시즘에 제대로 대처하지 못한 유럽의 사회주의자들과 달리 파시즘과의 전쟁을 선택한 스페인 대중의 혁명적 열정이 유럽 전역에 확산되는 것을 막기 위한 장치였다.

스페인에는 19세기 중순부터 프루동의 상호주의(특히 남부의 농민과 연방주의자들)와 바쿠닌의 조합주의가 전파되기 시작했다. 그런데 아나키즘운동이 성장하면서 이들 두 계파 간의 갈등이 나타났는데, 1880년경이 되면 바쿠닌을 따르는 조합주의자들과 바르셀로나에서 형성되

스페인 시민전쟁에 참가한 오웰은 "부르주아지와 동맹해 프랑코와 싸우라"는 스탈린의 지령에 갈팡질팡하며 CNT와 FAI, 그리고 트로츠키 계열인 맑스주의통합노동자당의 혁명적 열정을 억압하던 스페인공산당에 환멸을 느낀다. 오웰은 이때의 분노를 『카탈로니아 찬가』에서 이렇게 표현했다. "아나키스트들에게 가담했어야 좋았을 텐데."

던 코뮌주의자들의 대립이 더욱더 심각해져 1930년대까지 분열이 지속됐다. 스페인 정부는 이 기회를 놓치지 않고 아나키스트들을 무자비하게 탄압했고, 아나키스트들은 테러와 폭동으로 이에 대항했다.

이처럼 어수선한 상황에서도 1900년대에는 프란시스코 페레의 근대학교(1901~06)처럼 교육과 예술 영역에서 아나키스트들의 활동이 활발하게 이뤄졌다. 그러나 1909년 10월 12일, 스페인 정부는 '비극의 일주일'(모로코를 식민지로 지배하려던 스페인 정부의 예비군 소집에 불응해 바르셀로나와 카탈로니아의 노동자들이 7월 25일부터 8월 2일까지 전개한 시위를 말한다)을 일으킨 배후 인물이라는 말도 안 되는 이유로 페레를 처형하는 만행을 저질렀다.

노동조합 대표들은 이런 탄압에 맞설 강력한 조직의 필요성을 절감하고는 1910년 전국노동연합(CNT)을 결성했다. 아나키스트들이 주도했던 이 단체는 지역사회 단위로서 코뮌을 강조하는 아나코-코뮌주

훗날의 역사학자들은 아나키스트들과 공산주의자들이 협력해 스페인 시민전쟁을 승리로 이끌었다면 제2차 세계대전은 일어나지 않았을 것이라고 말했다. 그러나 현실은 프랑코가 죽을 때까지 '절대권력'을 누리도록 만들었다.

의의 전통을 따랐다. 당시 레닌이 주도하던 제3인터내셔널(코민테른)에 가입했던 CNT는 러시아에서 크론슈타트의 반란이 진압되고 아나키스트들이 박해받고 있다는 사실을 알게 되자 곧 탈퇴를 선언했다. 1927년에는 바쿠닌을 따르는 이베리아아나키스트연합(FAI)이 결성되어 격렬한 폭동으로 국가를 무너뜨리고 자유코뮌주의를 실현하려 했다.

1931년 4월 14일, 알폰소 13세의 왕정이 무너지고 제2공화국이 세워진 뒤에도 CNT와 FAI는 '국가 없는 조합주의 사회'라는 이념을 실현하고자 일련의 파업을 감행해 대토지를 농민에게 분배하라고 요구했다. 그도 그럴 것이 제2공화국 정부는 카탈로니아의 자치권을 승인한 것 이외에는 아무런 현안(특히 토지개혁)도 해결하지 못했던 것이다.

결국 CNT와 FAI는 스페인의 부르주아지가 지배하던 공화국에 맞서 사회주의자들, 공산주의자들, 그리고 그밖에 다른 좌파 세력들을 규합했고, 1936년 2월 16일 실시된 총선에서 승리를 거둬 '인민전선' 정부를 건설하게 된다. 그러나 인민전선 정부는 곧장 위기에 빠지게 됐다. 1936년 7월 18일 당시 육군참모총장이었던 프랑코가 쿠데타를 일으켰기 때문이다. 이것이 바로 스페인 시민전쟁의 시작이었다.

아나키스트들이 주도한 CNT와 FAI는 아라곤, 카탈로니아, 바르셀로나 등을 주요 거점으로 삼아 프랑코의 군부에 맞서기 시작했다. 그리고 곧장 집산화 계획을 세워 1936년 7~10월 사이 노동자들이 모든 공장시설, 공공업무, 서비스업 등을 직접 운영토록 하고(이때 도시의 운영은 이전보다 훨씬 효율적으로 이뤄졌다), 농민들이 코뮨을 건설해 공동경작을 실시토록 했다. 우드콕은 이 집산화 계획을 평가하면서 스페인의 공동체적인 전통과 자발적인 아나키스트들의 가르침이 잘 조화됐다고 평가한 바 있다. 즉 CNT와 FAI의 이 실험은 아나코-코뮨이 실현 가능할 뿐만 아니라 바람직한 모델이라는 점을 증명했다는 것이다.

스페인의 아나키스트들은 공장경영이나 농업의 효과적인 집산화 과정을 통해서 노동자들이 그들 자신의 생산을 효과적으로 운영할 수 있고, 크로포트킨이 주장한 자유코뮨주의의 이상이 확실히 현대사회에서도 실행 가능하다는 점을 자랑스럽게 입증했다.

실제로 이곳의 코뮨은 "능력에 따라 일하고 필요에 따라 가져간다"라는 크로포트킨의 주장을 운영원리로 채택했다. 심지어 어떤 코뮨은

비록 스페인 시민전쟁은 프랑코의 승리로 끝났지만 의용군에 자원해 스페인의 자유와 평화를 위해 싸웠던 투사들, 특히 일관되게 국제주의를 추구하며 목숨을 바친 아나키스트들의 열정은 오늘날까지도 수많은 사람들의 기억에 남아 있다(위 사진은 1936년 8월 29일 일군의 공화파 병사들이 프랑코의 국민군에게 체포되는 모습이다).

화폐를 없애고 교환권을 사용하기도 했다. 이뿐만이 아니다. CNT와 FAI 가 점령한 해방구에서는 경제개혁뿐만 아니라 의식개혁도 이뤄졌다. 각 코뮌의 구성원들은 직접 평의회를 구성해 모든 현안을 처리했고, 여성들은 '자유연애'에 눈을 떴다. 당시의 상황은 마치 1968년의 문화혁명을 미리 보는 듯했다.

그래서였을까? 오웰은 『카탈로니아 찬가』에서 당시를 "평등과 자유의 시대"로 묘사했다.

상점들은 대부분 초라하고 진열대의 반은 비었다. 고기는 귀했다. 우유는 거의 구할 수 없었다. 석탄, 설탕, 석유는 부족했다. 그 가운데에서도 빵 부족은 정말 심각했다. 이 시기에도 빵을 구하려는 줄은 종종 수백 미터씩 늘어서곤 했다.

그러나 전체적으로 사람들은 만족했고 희망이 넘쳤다. 실업은 없었다. 생활비는 여전히 매우 낮았다. 눈에 띄게 곤궁해 보이는 사람은 찾아보기 힘들었다. 집시를 제외하면 거지는 없었다. 무엇보다도 혁명과 미래에 대한 믿음이 있었다. 갑자기 평등과 자유의 시대로 들어섰다는 느낌이 있었다. 인간은 자본주의 기계의 톱니가 아니라 인간으로서 행동하려고 노력했다.

물론 스페인 시민전쟁은 유럽 열강(특히 파시스트 독일과 이탈리아)의 엄청난 지원을 받은 프랑코의 승리로 끝났다. 그리고 인민전선 정부를 지원하고자 기꺼이 의용군이 된 세계 각지의 아나키스트들이 전장에서 사망하자, 아나키즘운동 자체도 치명적인 타격을 입었다.

그러나 이런 비극적인 상처에도 불구하고 스페인 시민전쟁은 국제적인 연대의 가능성을 만천하에 입증해 주기도 했다. 특히 의용군에 가담했으면서도 당시 코민테른의 지시 아래 우왕좌왕했던 사회주의자들과는 달리 아나키스트들은 국가주의와 애국주의의 함정을 벗어나 일관되게 국제주의를 추구했고 그것을 죽음으로 증명했다(「땅과 자유」는 이런 아나키스트들의 영웅적 희생을 감동적으로 그리고 있기도 하다).

### 아나코-코뮌의 출현

앞서 얘기했듯이 크로포트킨은 1897년과 1901년에 두 차례 북아메리카를 방문했다. 특히 미국에서는 크로포트킨의 연설 뒤에 크로포트킨을

이디시어로 출간된 아나키스트 신문 중 가장 영향력 있었던 『자유로운 노동자의 목소리』는 미국 유태인 아나키스트들의 결집에 지대한 공헌을 했다(1950년 창간 60주년 기념회를 열고 있는 『자유로운 노동자의 목소리』 관계자들).

따르는 지지자들의 수가 대거 늘어났고, 직접 각자가 발 딛고 서 있는 곳에서 코뮌을 건설하려는 실험들을 활발하게 진행했다. 크로포트킨 지지자들은 크로포트킨의 책과 연설문을 출판했고, 크로포트킨학회를 조직했으며, 크로포트킨이 사망한 1921년에는 미국의 여러 도시에서 추도모임을 열었다. 베르크만은 크로포트킨을 "내 스승이자 영감을 주는 사람"이라 칭했고, 억울한 누명을 쓰고 죽임을 당한 이탈리아 출신의 미국 아나키스트 바르톨로메오 반제티는 크로포트킨의 상호부조 개념이 미래사회의 토대가 되리라 믿었다.

특히 크로포트킨 지지자들 중 유태인 아나키스트들은 자신들의 주장을 알리기 위해 신문이나 잡지를 만드는 데 열중했다. 일례로 『자유로운 노동자의 목소리』라는 신문은 1890년부터 1977년까지 무려 87년간 발간됐다(이 신문에 관련해서 흥미로운 에피소드가 하나 전해진다. 어느

날 이 신문의 편집장은 아나키즘의 선전을 위해 크로포트킨 사진집을 출판하려는 계획을 세웠다. 이 소식을 들은 크로포트킨은 이 계획을 중지시켜 달라고 부탁했다. "저는 '우상'이 되고 싶지 않습니다." 이처럼 아나키스트들은 그것이 혁명을 위한 것이라 해도 우상이 되기를 거부했다).

크로포트킨이 미국을 떠난 뒤에도 러시아의 아나키즘운동을 지원하기 위해 크로포트킨에게 지원금을 송금하기도 했던 유태인 아나키스트들은 이에서 한 걸음 더 나아가 자본주의라는 견고한 체제를 허물기 위해 미국 곳곳에 요새들을 만들기 시작했다.

유태인 아나키스트들은 정치적 신념뿐만 아니라 언어(이디시어)와 전통(유태교)으로 묶인 강력한 공동체를 형성했다. 이들은 클럽, 협동조합, 상호부조모임 등을 조직하고 강연, 피크닉, 콘서트를 후원했으며 파리코뮌 기념일(3월 18일), 노동절(5월 1일), 헤이마켓 순교자들의 처형일(11월 11일)을 기념하며 일종의 대항문화를 형성했다. 특히 이들은 협동조합 건설에 열중했는데 신발가게, 빵집, 의복공장, 학교 등 다양한 직종에서 협동조합을 조직하고 회원들을 모집했다.

또한 유태인 아나키스트들은 미국의 다른 아나키스트들과 달리 노동조합 조직에도 적극적이어서 인쇄업에서 제조업까지 여러 직종의 노동조합을 조직했다. 크로포트킨도 미국 방문시 노동조합운동에 많은 관심을 보이며 "아나키스트들이 그들과 결합해 선동해야 한다"고 강조했다. 유태인 아나키스트들은 노동조합의 관료주의와 공산당 지배에 대항하고, 볼셰비키들의 섬유노동조합 장악을 막기 위해 사회주의자들과 연대했다. 특히 유태인 아나키스트들의 모임인 자유기사단은 노동자들의 파업을 열성적으로 지원해 미국 노동운동사에 이름을 남겼다.

1927년 8월 23일 사코와 반제티는 별다른 증거가 없는데도 제1차 세계대전 당시 징병을 거부한 아나키스트라는 사실 때문에 배심원들의 반감을 얻어 결국 사형됐다. 당시의 '빨갱이 공포증'을 보여준 이 사건은 이탈리아 아나키스트들을 단결시켰다(위 사진은 1927년 4월 19일 법정출두 중인 사코(오른쪽)와 반제티(왼쪽)의 모습이다).

이탈리아에서 이주해 왔던 사람들도 유태인들처럼 대항문화와 공동체를 형성해 아나코-코뮨주의를 실현하려고 노력했다. 그래서 이탈리아인들도 유태인들만큼이나 유명한 아나키스트들을 많이 배출했는데, 특히 반제티와 니콜라 사코는 강도살인이라는 억울한 누명 아래 재판을 받은 뒤 전세계의 석방요구에도 불구하고 결국 전기의자에서 목숨을 잃었다. 특히 반제티는 법정진술에서도 자신의 신념을 굽히지 않아 많은 이들의 주목을 한 몸에 받았다.

나는 지금도 아나코-코뮨주의자이고 마지막 순간까지(내가 실수했다고 깨닫지 않는 한) 아나코-코뮨주의자일 것이다. 왜냐하면 나는 코뮨주의가 가장 인간적인 사회계약의 형태라고 믿으며, 인간이 해방을 위해 일어설 때에만 고귀하고 완전해진다는 점을 알기 때문이다.

사코와 반제티 사건은 미국에 있는 이탈리아 아나키스트들이 단결하는 계기를 마련해 줬다. 특히 이탈리아 아나키스트들은 유태인 아나키스트들과 연대해 사코와 반제티의 무죄석방을 위해 싸웠고, 사형이 집행된 뒤에는 그들의 신념을 실현하기 위해 노력했다.

비록 유태인 아나키스트들과 달리 노동조합운동에 개입하기보다는 파업이나 시위에 참여하는 데 만족했지만, 이탈리아 아나키스트들도 미국 자본주의의 틈 속에 일상적인 저항의 요새를 구축해 자본주의를 무너뜨리고 아나코-코뮌을 건설하려 했다. 이탈리아 아나키스트들은 힘든 노동을 끝낸 뒤에는 집으로 돌아와 저녁을 먹고, 아나키스트 클럽들로 가서 임시로 마련한 인쇄기들로 팸플릿과 정기간행물을 대량으로 만들었다. 이처럼 체제에 대한 저항은 그들의 일상이었다.

또한 이탈리아 아나키스트들은 운동과 즐거움을 연결시켰다. 이들은 소풍과 피크닉을 즐겼는데, 증기선을 타고 강을 거슬러 올라가 사람들과 함께 아코디언과 만돌린을 연주하며 먹고 마시고 춤을 췄다. 그리고 이런 행사가 끝난 뒤에는 언제나 강연회와 다른 운동을 지원하기 위한 기금을 모았다. 이처럼 피크닉은 삶에 즐거움을 주고 운동의 후원금을 모으는 행사였다. 게다가 극단을 꾸려 연극을 공연하기도 했고, 대안교육을 추구하는 학교들을 설립하기도 했다.

이처럼 운동과 즐거움을 연결시켰던 이탈리아 아나키스트들은 크로포트킨이 말하는 코뮌의 생활이 수도원같이 꽉 짜여진 집단생활을 뜻하는 것이 아니라는 점을 잘 보여준다(실제로 크로포트킨은 인간의 욕구를 강조했기 때문에 엄격하고 금욕적인 생활을 바라지 않았다. 오히려 적당한 여가와 휴식이 인간의 정신에 아주 중요하다는 점을 인정했다).

아무튼 미국에서 활동했던 유태인 아나키스트들과 이탈리아 아나키스트들(그리고 스페인 시민전쟁 당시의 아나키스트들)은 "혁명이란 단순히 어떤 개인이나 조직이 정치권력을 장악하는 방식이 아니라 삶의 체계 전체를 바꾸는 사회혁명이어야 한다"는 크로포트킨의 주장을 직접 입증하려고 시도했다. 어떤 점에서 보면 크로포트킨의 이런 주장은 지극히 당연한 것이다. 왜냐하면 혁명은 언제나 그런 것이었기 때문이다. 다만 크로포트킨을 위시로 한 전세계의 아나키스트들은 혁명의 유지와 궁극적인 완성이라는 미명 아래 자신들의 권력을 유지하는 데에만 급급했던 공산주의자들(볼셰비키가 대표적이다)과는 달리 이 당연한 사실을 결코 잊지 않았을 뿐이다.

## 아나키즘의 쇠퇴

지금까지 살펴봤듯이, 아나키즘운동은 자신들의 신념과 대의를 알리기 위해서라면 목숨까지 아끼지 않았던 여러 아나키스트들의 열정과 헌신에 힘입어 유럽과 아메리카 대륙을 비롯해 전세계 곳곳에서 확산됐다. 그러나 이와 같은 아나키즘운동도 서서히 쇠퇴의 길을 걷게 됐다. 아나키스트들의 유토피아주의("그들의 사상은 비현실적이다"), 계급적 성격("그들은 프티부르주아지 또는 룸펜프롤레타리아트이다"), 암묵적인 권위주의("그들도 맑스주의자들만큼 권위주의적이다") 등등 아나키즘이 쇠퇴한 이유에 대해서는 논란이 분분하다.

그러나 그 중에서도 가장 설득력 있는 이유를 꼽자면 크게 두 가지가 있을 것이다. 그 중 하나는 각국 정부의 극심한 탄압이고, 나머지 하나는 러시아혁명의 영향이다.

러시아를 비롯한 유럽 전역의 아나키스트들이 걸어온 역사에서도 볼 수 있듯이, 아나키스트들이 정부의 극심한 탄압을 받은 이유는 이들이 감행한 테러 때문이었다. 그러나 아나키스트들이 테러를 감행하게 된 것은 그들 스스로의 선택이 아니라 오히려 정부의 탄압에 대한 복수심 때문이었다는 것이 더 정확한 말이다.

『아나키즘의 역사』(1993)를 쓴 프랑스의 작가 장 프레포지에도 "아나키스트들은 경찰의 무자비한 탄압과 법관이 자행했던 비인간적이고 가혹한 처사에 맞서 복수심을 키우게 됐다"고 얘기한다. 실제로 파리의 한 카페에 폭탄을 투척했던 앙리는 법정에서 이렇게 진술했다.

> 아우구스트 바이양[1893년 12월 9일, 프랑스 하원의 방청석에 폭탄을 투척해 단두대에서 처형됐다] 한 사람이 폭탄을 던졌고, 그의 수많은 동지들은 그 사실을 알지 못했다. 그들은 아무것도 하지 않았다. 그럼에도 그들은 집단적으로 처벌됐다. 아나키스트와 관련된 모든 사람이 검거를 당했다. 당신들이 한 사람의 행동에 대한 책임을 묻기 위해 전체에 타격을 가한 것처럼, 우리는 전체를 향해 응수했을 뿐이다.

다른 한편으로, 러시아혁명의 성공은 러시아뿐만 아니라 다른 나라의 공산주의 세력을 성장시킴으로써 아나키스트들의 영향력을 약화시키는 데 일조했다. '세계 최초의 사회주의 국가'를 건설한 러시아혁

강인한 표정의 코민테른 지도부(왼쪽부터 그리고리 지노비에프, 니콜라이 부하린, 트로츠키, 레닌, 칼 라데크)의 모습 뒤로 블라디미르 타틀린의 '제3인터내셔널[코민테른] 기념탑'이 보이는 이 그림은 코민테른의 실질적인 지도부가 볼셰비키임을 압축적으로 보여준다. 이후 스탈린이 좌지우지하게 된 코민테른은 전세계 혁명운동의 걸림돌이 됐다.

명은 성공했다는 그 이유만으로도 다른 나라의 혁명가들이 마땅히 따라야 할 본보기가 됐다. 특히 혁명의 최대 수혜자가 된 볼셰비키의 사상과 전략은 맑스주의를 맑스-레닌주의로 고쳐 부르게 만들 만큼 전세계 혁명가들에게 지대한 영향을 끼쳤다.

　　게다가 1919년 레닌의 주도로 건설된 코민테른은 1943년 공식적으로 해체되기 전까지 전세계 혁명가들에게 (활동자금에서부터 무기에 이르기까지) 막대한 지원을 아끼지 않았다. 혁명가들로서는 이런 지원이 자신들의 이상을 펼칠 수 있는 발판으로 여겨졌고, 결국 기존의 아나키스트들도 조금씩 공산주의운동에 투신하기 시작했다. 그리고 기존의 부르주아 정부들뿐만 아니라 자국에서 혁명운동의 주도권을 잡게 된 공산당들 역시 아나키스트들에게 채찍과 당근이라는 이중전술을 구사하며 아나키스트들을 자신의 체제 내로 포섭했다.

이런 여러 이유 때문에 아나키즘은 '역사적으로' 쇠퇴했다. 그러나 쇠퇴가 곧 소멸은 아니었다. 어떤 외부의 압력에도 굴하지 않고 자신이 원하는 대로 살고자 하는 자유로움, 그 자유로움을 꿈꾸는 인간의 본능에 뿌리내리고 있는 사상인 한, 아나키즘은 쇠퇴할지언정 결코 소멸할 수는 없는 사상이기 때문이다. 실제로 역사는 돌고 돌아 아나키즘에 새로운 생명을 불어넣었다. 그리고 마침내 1968년의 세계적인 대격변은 아나키즘의 부활을 알리는 신호탄이 됐다.

여파

1960년대는 자본주의와 현실 사회주의 모두 위기에 봉착한 시기였다. 자본주의는 제2차 세계대전 이후 20년 동안의 경제부흥으로 풍요로움을 보장했지만, 그 풍요로움은 대중이 컨베이어 벨트의 부품으로 전락하고 획일화된 소비문화가 강요하는 수동적 삶을 받아들인 대가로 얻어진 것이었다. 한편, 사회주의권의 대중은 소련공산당의 강력하고 권위주의적인 통제를 받으며 혁명을 빌미로 삼은 노동규율과 정치동원에 질식당하고 있었다. 이처럼 풍요로움 속의 무기력과 권태, 통제된 사회의 침묵이 1960년대를 지배했다.

세계 곳곳에서 국가의 억압과 자본의 착취에 대항하는 운동이, 그리고 추상적인 이론이 아니라 구체적인 일상에서 저항의 거점을 마련하고자 하는 운동이 출현한 것은 바로 이와 같은 상황에서였다.

1960년대 당시의 운동은 풍요로움을 약속하는 자본주의의 무한경쟁이 결코 인간의 삶을 행복하게 만들 수 없다는 점, 기존 공산당이 설파하는 정치혁명만으로는 사회를 근본적으로 바꿀 수 없다는 점을 간파했다. 이때 역사에서 묻혔던 아나키즘이, 새로운 사회원리를 주장했던 크로포트킨의 『상호부조론』이 다시 모습을 드러냈다.

현실 사회주의가 몰락한 1980년대 말에도 아나키즘은 폭주하는 자본주의와 신자유주의의 세계화를 반대하는 운동에서, 인간에 의한 인간의 지배뿐만 아니라 인간에 의한 자연의 지배를 비판하는 운동에 이르기까지 어김없이 자신들의 상징인 검은 깃발을 들어올렸다. 제대로 실현되지 못한 미완의 사상으로서, 어쩌면 영원히 완성될 수 없는 실천사상으로서 아나키즘은 사람들이 척박한 현실에 맞서 대안을 꿈꾸는 장소라면 어디에서나 그 모습을 드러냈다.

미국의 사회학자 이매뉴얼 월러스틴은 "역사상 1968년의 격변에 비견할 만한 혁명의 시기로는 유럽의 1848년밖에 없었다. 둘 다 역사적인 실패로 끝났지만 결국 세계를 완전히 뒤바꿔놓았다"고 말하며 68년혁명의 중요성을 강조했다(1968년 8월 28일 민주당 전당대회가 열린 시카고에서 자신들의 주장을 알리기 위해 거리로 뛰쳐나온 젊은이들).

## 1968년 아나키즘의 부활

제1차 세계대전, 러시아혁명, 스페인 시민전쟁, 제2차 세계대전 등을 거치면서 쇠퇴하기 시작한 아나키즘운동은 자본주의자들과 사회주의자들 양쪽에게서 배척을 당하고, 잇따른 운동의 패배와 국가의 탄압으로 조금씩 사라졌다. 그러던 중인 1968년 검은 깃발을 다시 휘날리게 된다. 1968년은 현대사에서 아주 독특한 시기로 규정될 수 있다. 1968년

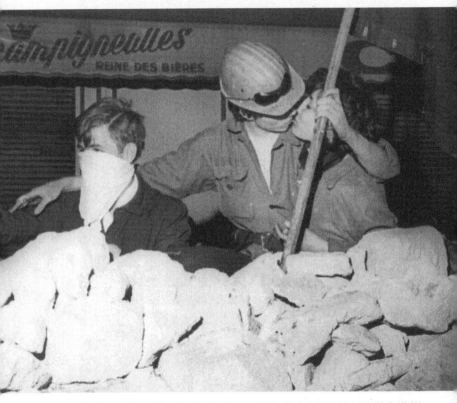

"열에 들뜬 일부 프티부르주아지의 난동"에 불과하다며 68년혁명의 의의를 애써 깎아내리려 했던 전통 공산주의자들의 비방에도 불구하고, 68년혁명은 욕망의 관점에서 혁명을 사유하는 새로운 시각을 보여줬다. 「바리케이드에서의 입맞춤」이라고 알려진 위 사진은 68년혁명이 지녔던 이런 새로운 성격을 상징적으로 보여주는 유명한 사진이다.

에는 동구와 서구라는 냉전시대의 이념적 구분을 넘어서 '기성체제'에 대항하는 저항의 물결이 전세계적으로 넘실거렸기 때문이다.

미국에서는 베트남전쟁 반대시위와 마틴 루터 킹 2세의 암살에 따른 흑인들의 폭동, 히피와 페미니스트들의 저항이 나타났다. 유럽에서는 학생운동을 중심으로 베트남전쟁 반대시위, 관료화된 정당, 교육체계에 대한 저항이 번졌다. 체코슬로바키아, 유고슬라비아, 폴란드 등 공산당의 지배 아래 있던 나라들에서도 공산당의 관료주의에 대한 저항과 더불어 새로운 민주주의를 향한 모색이 시작됐다. 당시 소련공산당 서기장이었던 레오니드 브레즈네프가 탱크를 동원해 강제진압을 해야 할 정도였다. 또한 멕시코와 브라질에서도 군부의 권위주의에 맞서 대규모 반정부시위가 벌어졌고, 파키스탄, 중국, 일본에서도 권위주의 정권과 전쟁을 반대하는 대규모 시위가 벌어졌다.

훗날 '68년혁명'이라고 불릴 이 사건에 참여한 사람들의 구호는 가지각색이었지만 하나의 공통점이 있었다. 『1968 : 희망의 시절, 분노의 나날』(1998)이라는 책을 쓴 타리크 알리와 수잔 왓킨스에 따르면, 1968년을 뒤흔들었던 사람들은 "자신들의 유산을 박탈당했다고 느낀 사람들"이었고, 그들의 구호는 "사람이 '성공'이나 물질적 소유 여부가 아니라 그들이 지니고 있는 소망의 인간적인 측면에 따라 평가되어야 한다"는 믿음이었다. 바야흐로 이때는 새로운 사회를 열망한 시기였다. "1968년은 정치적, 사회적, 성적 금기 등 모든 금기가 최초로 도전받고 깨뜨려진 시기였다."

이처럼 사회를 억압하던 온갖 금기가 파괴되자 한동안 역사에 봉인되어 있던 사상인 아나키즘 역시 현실로 뛰쳐나왔다. 1968년 파리,

프라하, 시카고 등 전세계의 거리를 장악했던 시위대는 혁명을 상징하는 붉은 깃발과 아나키즘을 상징하는 검은 깃발을 동시에 내걸었다.

이들은 탈중앙집중화, 자주관리, 자치를 외쳤고, 정치권력뿐만 아니라 일상생활에 잠재된 억압적 권력까지 비판했다. 또한 직접행동을 강조하며 연좌농성, 점거, 토론집회 등 행동으로 사상을 실천했고 자유학교, 식품소비협동조합 등 여러 대항문화의 거점을 만들었다. 벨기에의 맑스주의자 에르네스트 만델은 다음과 같은 말로 이들의 혁명적 열정에 경의를 표했다. "아, 얼마나 아름다운가! 바로 이게 혁명이다!"

당시 프랑스 낭테르 대학의 학생시위를 주도했던 다니엘 콩방디는 그 순간을 이렇게 정리한다.

잊지 못할 순간이었습니다. 갑자기, 자발적으로 사람들은 바리케이드를 거리에 세웠습니다. 사람들은 집단적이면서도 자발적으로 행동하기를 원했기 때문에 스스로 보도블록을 쌓아 올렸습니다. 많은 사람들에게 그것은 처음 겪는 일이었습니다. 사람들은 억압된 감정을 해방시키고 축제 때의 기분을 표출했습니다. 수천 명의 사람들이 서로의 생각을 나누고 서로에게 호의를 베풀 필요를 느꼈습니다. 그날 밤 저는 역사에 대해 매우 낙관적인 생각을 갖게 됐습니다. 그런 경험을 한 뒤에는 "결코 아무 일도 일어나지 않는다"라고 말할 수 없는 법이죠.

특히 대학점거운동이 활발히 벌어지면서 대학 곳곳에 코뮌이 모습을 드러내게 됐다. 『신좌파의 상상력』(1987)을 쓴 조지 카치아피카스는 당시 대학가의 모습을 이렇게 묘사했다. "점거자들은 의료서비스, 음식,

공간할당, 해방된 소르본 안에서의 모든 기능들을 관리했고 …… 낭트에서는 민주적으로 선출된 중앙파업위원회가 음식과 가솔린 분배, 교통통제, 도시생활에서의 다른 활동들을 수행했다. 이 위원회는 독자적 통화를 발행하기까지 했다."

1968년 5월 14일 점거된 소르본대학의 전경. 소르본대학의 점거를 기점으로 학생들은 파리 내의 모든 대학을 해방구로 만들어 24시간 전면 개방을 선포했다.

이처럼 1968년의 격변은 봉인된 사슬을 끊고 아나키즘운동을 다시 현실의 주된 흐름으로 만들었다. 그러나 맑스주의자들과의 오랜 대립은 또 한번 반복됐고, 68년 혁명에 대한 평가는 크게 엇갈렸다. "금지하는 것을 금지한다", "나는 사랑하듯이 혁명한다"는 낙서로 유명한 오데옹극장 점거사건(1968년 5월 15일)에 대한 평가가 대표적인 예다.

아나키즘에 우호적인 카치아피카스는 "이 운동의 미학적 차원, 의상을 차려 입은 시위 참가자들의 등장, 바리케이드에서의 사랑이야말로 선한 것, 진실된 것, 아름다운 것의 융합을 상징적으로 보여줬다"고 긍정적으로 평가했다. 그러나 영국의 맑스주의 역사학자 에릭 홉스봄은 "이런 주변적인 현상이 두드러질수록 우리는 더 이상 큰일은 일어나지 않으리라고 확신할 수 있다. 부르주아지에게 충격을 주는 일이 그들을 타도하기보다는 쉬운 것이다"라며 냉소적인 반응을 보였다.

안타깝게도 1968년의 운동은 운동 내부의 노선갈등과 관료주의화, 정부의 조직적 탄압과 유화적 제스처, 정치적 충돌을 회피한 문화운동으로의 치우침 등으로 서서히 몰락의 길을 걷게 됐다. 미국의 소설가 폴 오스터는 훗날 『거대한 괴물』(1992)이라는 작품에서 자유의 여신상을 폭파하는 아나키스트를 등장시켜, 이 운동의 침체를 안타까워했다.

깨어나라, 아메리카여. 당신들이 설교하는 것을 실행하기 시작할 때가 됐다. 더 많은 여신상들이 폭파되기를 원치 않는다면 당신들이 위선자가 아니라는 사실을 증명해 보여라. 폭탄을 제조하는 것 외에 국민들을 위해 무엇인가를 해라. 그렇지 않으면 내 폭탄은 계속 터질 것이다.

우드콕은 당시의 시위대가 보여준 전쟁국가에 대한 비판, 징병거부, 산학협동 연구에 대한 비판, 일상생활 전체를 변화시키려던 노력 등을 상기시키며, 1968년의 전세계적 운동은 혁명이란 삶의 체계 전체를 바꾸는 사회혁명이어야 한다는 크로포트킨의 주장이 현실에서 다시 구체화됐던 사건이라고 평가했다.

물론 정세의 변화와 함께 68년혁명은 쇠퇴했고, 아나키즘운동도 다시 은둔의 시련을 겪어야 했다. 그러나 68년혁명의 기운이 완전히 소멸된 것은 아니다. 이 운동은 생태주의, 대안공동체, 대안교육, 21세기의 신자유주의 반대운동으로 모습을 바꿔 다시 분출했다.

### 생태주의와 대안공동체

68년혁명의 '위대한 실패'가 남겨준 유산 중의 하나는 생태주의운동이었다. 사실 억압과 강제적인 지배를 거부하는 아나키즘은 생태주의와 강한 친밀성을 지닐 수밖에 없다. 프레포지에는 생명의 보호와 반(反)권력이 유사하다는 점, 중앙으로 집중된 권력을 해체시켜 지역으로 환원시키려 한다는 점, 기성 정치제도나 규칙을 따르기보다는 직접행동을 선호한다는 점, 개인의 자발성을 강조하고 전문가주의를 거부한다는 점 등에서 생태주의와 아나키즘이 공통점을 가진다고 본다.

실제로 20세기 후반 전지구적 화두로 떠오른 생태주의는 생태계 파괴의 원인을 국가와 가부장제처럼 억압적인 권력에서 찾으며 근본적인 사회변화를 추구한다. 이런 주장을 하는 대표적인 사람들 중의 하

레이첼 카슨의 『침묵의 봄』(1962)과 같은 해에 출간된 『화학합성물로 뒤덮인 우리의 환경』이라는 저서를 통해 생태주의와 급진정치학을 접목한 북친의 시도는 훗날 사회생태주의라는 새로운 패러다임을 낳았다.

나는 미국의 아나키스트 머레이 북친이다. 북친은 생태주의와 아나키즘을 접목한 에코-아나키즘의 창시자로서, 그의 사상은 흔히 사회생태주의라고 불린다.

그런데 북친이 에코-아나키즘을 발전시키는 데 영감을 준 사람도 크로포트킨이다. 앞서도 말했듯이, 크로포트킨은 과학기술의 발전을 거부하지 않았고 다만 그 과학기술이 어느 누군가(특히 정부와 자본가)의 손에 독점되는 것을 반대했다. 그리고 『상호부조론』에서도 인간의 평화적인 생물학적 본성에 맞게 사회를 전면적으로 재구성해야 한다는 주장을 폈다. 북친은 "크로포트킨의 생태주의적 비전, 곧 도시화와 중앙집권화의 폭발적 성장과는 분명히 구별되는 인간적 규모의 사회와 분권화, 인류와 자연의 조화에 대한 실천적인 관심"에 주목했던 것이다.

1980년 5월~6월, 5천 명의 활동가들이 핵폐기물 처리장 건설이 예정된 서독의 산업단지 고어레벤을 점거해 만든 대안공동체 '벤트란트 자유공화국'의 모습. 생태주의자, 페미니스트, 학생, 농민이 함께 만든 이곳은 반핵운동의 거점이자 생활정치운동의 상징이었다.

북친은 크로포트킨의 이와 같은 주장이 생태적인 노선에 따라서 사회를 전면적으로 바꿀 필요성을 제기했다고 본다.

가령 『사회의 재구성』(1989)에서 북친은 "'사회' 비판과 '사회적' 변혁에 확고히 뿌리내린 생태주의만이 자연, '그리고' 인류에게 유익한 방식으로 사회를 변혁하는 수단을 제공할 수 있다"고 주장한다. 자연보호만이 아니라 인간과 자연의 새로운 관계맺음이, 그것을 위한 사회의 재편성이 반드시 필요하다는 주장이다.

따라서 생태주의에 대한 관심은 자연스럽게 대안공동체에 대한 관심으로 이어진다. 크로포트킨에게도 생태주의와 대안공동체는 함께 실현해야 할 과제였다. 크로포트킨에게 자연적으로 산다는 것은 곧 서로 보살피는 협동사회를 꾸린다는 것을 뜻했기에 그 연관성은 자연스러웠다. 자연파괴를 가속화시키는 불필요한 사치나 맹목적 소비가 아니라 소박함과 '사는 즐거움'을 삶의 핵심적 가치로 삼는다는 점에서도 생태주의와 대안공동체는 맥을 같이한다. 그래서 크로포트킨은 농업과 산업이 결합되고 지역 내 사안을 스스로 처리할 수 있는 소규모의 '전원도시'를 꿈꿨다. "보석은 이제 그만! 인형의 옷도 이제 그만! 사람들은 밭일에 나가서 자기를 단련하고 거기서 자연의 생기와 감명과 교외의 어두컴컴한 공장에서 잊고 있었던 '사는 즐거움'을 찾을 것이다."

현대의 대안공동체 역시 낭비를 체계적으로 생산하고 그것을 위해 자연을 착취하는 소비사회를 거부한다. 그리고 이런 대안공동체는 이상이 아니라 이미 현실에서 건설되고 있다.

『아나키즘, 대안의 상상력』(1982)이라는 책을 쓴 영국의 아나키스트 콜린 워드는 자신의 책이 "크로포트킨의 『상호부조론』을 확장시킨 최신판 해설서"라고 주장한다. 크로포트킨이 인류사회의 발전과정에서 상호부조의 중요성을 다뤘다면, 자신은 그런 상호부조가 오늘날의 현실에서 어떻게 실현되고 있는지를 다루고 있기 때문이라는 것이다.

워드는 "아나키스트의 관점으로 인간사회를 보기 시작하면, 지배권력 구조의 틈새로 이미 대안이 존재함을 알게 된다. 자유로운 사회를 건설하고 싶다면, 재료는 모두 가까이 있다"라고 주장한다. 실제로 워드는 여러 사례로 자신의 주장을 입증한다. 지도자나 우두머리를 거부한 채 서로 다른 차이를 통해 조화를 이루며 "중심이나 지휘기관 없이 네트워크로 연결"되는 모임들, 군대 막사나 빈 건물을 점거해 자신들의 사회적 권리를 확보하려는 주택점거운동, 현장노동자들이 경영권과 결정권을 가지는 기업체, 생산협동조합 같은 지역사회작업장 등등.

워드가 제시한 다양한 사례에서 볼 수 있듯이, 대안공동체는 이론적인 구상이나 유토피아가 아니라 이미 하나의 현실이 되어 가고 있다. 현실을 그대로 받아들이지 않고 변화를 모색할 때 그 현실은 더 이상 현실이 아니고, 현실의 이름으로 현실을 정당화하지 않을 때 이미 변화는 시작된 셈이다. 바로 그렇기 때문에 워드는 아나키즘이 "인간의 존엄성과 책임감을 내세우는 주장"인 동시에 "정치변혁 프로그램이 아니라 사회적 자기결정 행동"이라고 주장하는 것이다.

## 대안교육의 중요성

자기결정 능력을 기르는 가장 중요한 과정 중의 하나가 바로 교육이다. 그래서 크로포트킨은 교육에 많은 관심을 가졌고, 오늘날의 통합형 교육이 주장하는 내용을 훨씬 앞서 주장했다. 크로포트킨은 자서전을 통해 이미 교육에서 이론과 실천의 통합이 필요한 이유를 지적했다. "어린아이들과 학생들은 학교에서 추상적으로 배운 것을 실제로 응용해보고 싶어하며, 습득한 지식의 핵심을 이해하는 데는 구체적인 응용만큼 효과적인 것이 없다." 그래서 크로포트킨은 코뮌이 인간의 정신적 기능과 육체적 기능을 모두 발달시키는 '통합교육'을 실시해야 한다고 봤다. 아이들은 책만이 아니라 야외학습을 통해 직접 행동하고 관찰하며 스스로 깨우쳐야 한다는 것이었다.

이런 크로포트킨의 사상은 스페인 아나키스트 페레의 근대학교에서 꽃을 피웠다. 경쟁보다 공존을, 편견보다 자기결정을 강조한 근대학교는 가톨릭의 낡고 종교적인 교육을 거부했다. 그리고 더 나아가서 시험이나 상벌 같은 제도도 거부하는 자유로운 교육을 확립했다. "시험과 상벌에 따른 질투와 굴욕감이 실패한 자들의 건전한 성장에 심각한 장애를 일으키고, 좋은 성적을 차지한 학생에게는 이기심을 낳는다."

따라서 근대학교는 "학교에 다니는 소년 소녀들이 진실하고 정의로우며 편견에서 해방될 수 있게끔" 돕겠다는 설립선언문을 발표했다.

그리고 "인간 됨됨이를 갖추도록 아이들을 지도해야지, 어른들의 의도에 맞춰 아이들에게 갈망과 증오, 집착과 반항을 기대해서는 안 된다"는 입장을 분명히 밝혔다.

다른 한편, 근대학교는 부유한 사람들의 아이와 가난한 사람들의 아이를 함께 공부시킴으로써 "순수한 아동기의 평등한 정신 속에서 한 계급이 다른 계급과 접촉하도록" 가르치려고 하기도 했다. 특히 근대학교는 아이들만 교육시키지 않았다. 민중교육을 실현한다는 목표 아래 근대학교는 일요일 강연을 마련해 아이들과 그 가족, 배움을 갈망하는 수많은 노동자들을 교육시켰다.

근대학교의 창시자 페레와 그의 근대학교에서 발행된 회보. 1901년 합리적이고 비종교적이며 강압적이지 않은 환경에서 노동자계급을 교육한다는 취지 아래 근대학교를 세운 페레는 "자유로운 교육사상 때문에 사형된 최초의 순교자"이다. 현장교육, 남녀공학, 계급간 평등교육을 실시한 페레의 사상은 훗날 자유학교에 영감을 제공했다.

스페인 정부가 페레에게 누명을 씌워 그를 처형했던 이유는 페레의 이와 같은 교육체계가 스페인 인민들로 하여금 대안사회를 상상하도록 자극했기 때문이다. 실제로 근대학교는 인민들의 전폭적인 지지를 받으며 기존 사회를 그 바탕에서부터 변화시키려 했고, 스페인 정부는 이런 움직임을 두려워했다.

그러나 페레가 처형된 뒤에도 근대학교의 정신은 전세계의 수많은 교육자들을 자극했다. 그리고 페레의 근대학교를 본뜬 자유학교의 설립이 세계 각지에서 일어났다. 이런 자유학교는 장기적인 사회변화의 토대가 될 사람들을 기르고 그들의 소통공간을 마련했다.

근대학교와 자유학교의 정신은 '탈학교' 논의로도 이어졌다. 탈학교를 지지하는 워드 같은 이들은 "공교육이란 사회정의를 모독하는 제도"라고 주장한다. 공교육은 과거에 확립된 사회적 편견을 강화시킬 뿐만 아니라 자율성을 억압하고, 중앙정부의 감독 아래 지배이데올로기를 공급한다는 것이다. 더구나 공교육은 불평등한 현실의 경쟁을 감추는 기만적인 평등을 강화시킨다. 이들은 자본주의사회에서 학교란 학생들에게 규율과 복종을 가르치고 불평등한 계급을 재생산하는 장치라고 주장한다. 따라서 워드는 미국의 아나키스트 폴 굿맨의 논의를 빌려, 학교를 해체하고 아이들이 스스로 과목을 선택해 배우도록 교육비를 나눠줘야 한다는 급진적인 주장을 펼친다.

조금씩 논의의 차원이 다르긴 하지만 크로포트킨, 페레, 워드의 논의는 기존 교육체계의 문제점과 한계를 지적하고 새로운 대안을 제시하려 한다. 아나키스트들이 시험, 처벌, 상장 등의 경쟁을 없애고 자율적인 수업계획을 보장하려 했던 이유는 교육체계가 인성의 자율적 성장을 보장해야 한다고 봤기 때문이다. 그래서 이들은 교사도 권위를 가진 지배자가 아니라 학생들의 자율성을 키워 주는 도우미의 역할을 담당해야 한다고 주장했다.

『아나키, 환경, 공동체』(1996)에서 박홍규는 자유교육의 원리를 네 가지로 꼽는다. 첫번째 원리는 자발성·자주성·주체성이다. 자유교육은 수업준비나 출석을 강요하지 않고 학생 스스로 학습계획을 세우도록 한다. 두번째 원리는 개성과 개인 차이의 중시이다. 획일적 기준으로 아이들을 비교하거나 경쟁시키지 않고 각자의 개성을 존중한다. 세번째 원리는 교육과 생활의 통일이다. 배움이란 책뿐만 아니라 현장실습, 견학, 놀이를 통해 깨우쳐야 하는 것이다. 네번째 원리는 민주주의와 공동생활에의 참여이다. 학교를 하나의 공동체, 즉 선생, 학생, 학부모, 지역주민들의 공동체로 보고 그 공동체로의 참여를 자극한다.

이렇듯 대안교육에서 말하는 교육은 단순한 학습이 아니라 사회의 근본 바탕을 바꾸는 작업이다. 대안교육이 중요하다면 그것은 대안교육이 한 사회의 장기적이고 지속적인 변화에 매우 중요하기 때문이다. 따라서 자유학교운동, 공동육아운동, 탈학교운동 등은 단순히 교육이라는 사회의 한 분과영역을 개혁하고자 하는 운동이 아니다. 오히려 이 운동들은 사회변화의 전망을 가지고 사회혁명을 실현하기 위한 디딤돌로 기능하고 있는 것이다.

### 신자유주의 반대운동 : 새로운 아나키스트들의 출현

보통 세계화라는 말은 초국적 자본의 세계화를 뜻하는 부정적인 뉘앙스를 지닌 채 사용된다. 그러나 세계화에는 '자본의 세계화' 뿐만 아니라 '아래로부터의 세계화'도 있다. 이 점은 국제연대라는 구호 아래 국경선을 초월해 단결했던 아나키스트들을 봐도 잘 알 수 있다.

아나키스트들이 보여준 '아래로부터의 세계화'는 20세기 후반에 들어와 신자유주의를 외치는 '자본의 세계화'를 거부하는 운동에서도 여지없이 그 모습을 드러냈다. 이런 면에서 최근 등장한 자본의 세계화를 거부하는 아나키스트들의 운동은 반(反)세계화운동이 아니라 신자유주의반대운동이라고 불려야 한다.

신자유주의반대운동이 벌어지면 어김없이 모습을 드러내는 사람들이 있다. 이들은 기존의 시위대처럼 지휘자의 지도에 따라 일사불란

원래 독일의 빈집점거자와 아우토노멘을 뜻했던 '블랙블록'은 오늘날 자발적으로 시위에 가담하는 개인들을 지칭하게 됐다. 흔히 블랙블록은 검은색 옷과 스키마스크를 착용하는데 이는 각자의 정체를 감춤으로써 대중매체가 특정인을 '운동의 스타'로 부각시키는 선정적인 보도를 하지 못하도록 막을 뿐만 아니라 최루탄 연기를 걸러내는 이중의 효과를 노린 것이다(위 사진은 2003년 4월 12일 일군의 블랙블록이 워싱턴에서 반전시위를 벌이는 모습이다).

하게 구호를 외치거나 조직적으로 행동하지 않는다. 오히려 이들은 깃털로 만든 먼지털이로 경찰을 간지럽히거나 투석기를 이용해 장난감을 발사하기도 한다. 때로는 나이키나 스타벅스 같은 초국적 기업의 점포를 습격하기도 하고, 빌딩을 점거하기도 한다. 또 서로 손을 맞잡고 호텔이나 도로 등을 봉쇄해 연좌데모를 벌이기도 한다. 이런 새로운 운동 방식에 당황한 체제는 이들을 '블랙블록'이라고 규정했다.

원래 블랙블록은 일시적으로 만들어진 집단을 가리켰다. 1980년대 독일 경찰이 빈집점거자와 아우토노멘(자율주의자들)을 일컬어 처음 블랙블록이라 불렀고, 미국에서는 1988년 미국의 중남미 정책에 대한 항의나 1991년 걸프전 반대시위, 1999년 무미아 아부-자말(경찰살해 혐의로 복역중인 흑인운동가) 석방운동 때 나타났다. 블랙블록의 웹사이트는 이 운동이 아나키즘운동임을 공언하고 있다. 이들이 밝힌 자신들의 목적은 다음과 같다. "경찰의 공격에 대해 안전을 확보하고, 가두에서 더 많은 자유를 확보하기 위해 거대한 블록을 형성한다."

검은색에서 연상되듯이 블랙블록은 아나키즘운동과 맞닿아 있다. 블랙블록은 특정한 단체나 조직이 주도하는 운동이 아니다. 블랙블록은 시위에 참여하는 사람들이 그 전술을 자율적으로 결정하도록 하기 때문에 시위 때마다 다른 형태로 나타난다. 그리고 직접행동네트워크나 '거리를 되찾자' 같은 여러 단체들은 그 속에서 새로운 형태의 언어, 즉 시민불복종의 언어와 거리페스티벌 같은 비폭력적인 저항행위를 발명한다. 간단히 말해서 블랙블록은 직접적인 물리적 폭력보다는 상상력을 동원한 새로운 운동전술을 많이 구사한다.

이와 같은 광범위한 시민불복종, 다양한 비폭력 전술, 사파티스타나 이들을 지지하는 유럽의 '야 바스타!' (이제 그만!) 같은 집단의 등장은 탈중심화된 네트워크형 민주주의의 가능성을 증명한다. 미국의 인류학자이자 아나키스트인 데이비드 그레버는 이처럼 새로운 전술을 구사하는 사람들을 '새로운 아나키스트들' 이라 부른다. 이들은 직접행동에 의한 직접민주주의를 추구한다는 점에서 비록 스스로를 아나키스트라고 칭하지 않더라도 아나키즘의 원리를 따르고 있다는 것이다.

숀 쉬한 역시 신자유주의 반대시위에서 드러나는 이런 새로운 형태의 운동이야말로 아나키즘의 부활을 의미한다고 봤다. 이들은 "특유의 항의방식과 상징적인 몸짓을 통해 신자유주의에 대항하는 새로운 형

1994년 신자유주의 반대와 원주민 권익옹호를 주장하며 멕시코의 치아파스 주에서 무장봉기를 일으킨 사파티스타는 인터넷을 활용해 자신들의 주장을 알리고 지지자를 결집시키는 등 네트워크형 민주주의의 가능성을 몸소 보여줬다(위 사진은 2001년 멕시코시티에서 연설 중인 사파티스타 부사령관 마르코스의 모습이다).

식"을 취하고, "현실에 대한 분노와 변화를 만들어 내겠다는 결의가 뒷받침된 직접행동"을 수행하기 때문이다.

　게다가 이들은 자율적으로 집단을 형성하고 민주적인 참여를 보장할 뿐만 아니라, 소수자의 의견을 수용하면서 하나의 결정을 도출한다. 이 사실은 강요를 당하지 않는 자율적인 사회를 집단 내부에서부터 실현하고자 하는 아나키즘의 경향을 잘 보여준다.

　신자유주의 반대시위에서도 검은 옷차림의 아나키스트들은 그 누군가에 의한 동원이 아니라 자신들 각자의 자유로운 판단에 따라 시위에 결합했다. 2003년 9월 10일, 멕시코의 칸쿤에서 열린 신자유주의 반대시위 중 한국의 농민 이경해 씨가 스스로 목숨을 끊은 사건이 있었다.

이때에도 전세계에서 온 아나키스트들은 적극적으로 농성단에 결합해 연대했다. 그리고 2005년 7월에 열린 서방 선진8개국(G8) 회담 때도 아나키스트들은 거리 카니발을 열며 새로운 싸움을 벌였다.

과거의 직접행동보다 훨씬 더 풍부하고 새로운 비폭력 직접행동을 구사한다는 점에서 이들은 분명 새롭다. 그러나 엘리트에 의한 지도나 전위를 거부하고 자율과 자기결정을 지향한다는 점에서 과거의 아나키즘운동과 연속선상에 있다.

이들이 조직적인 운동을 펼치지 않기 때문에 대안이 될 수 없다는 전통적인 좌파의 비판은 과거 아나키스트들에게 맑스주의자들이나 볼셰비키가 퍼부은 비판을 떠올리게 한다. 그러나 이런 좌파들이 꽉 짜여진 이론 속에 갇혀 무기력한 비판만을 되풀이한다면, 아나키스트들은 열린 가능성을 전제로 현실에서 새로운 운동을 전개하고 있다.

# 한국의 아나키즘 수용

서양의 아나키즘이 수용되기 이전의 동양에서도 아나키즘과 비슷한 사상이 존재했다. 역사가들은 흔히 도가를 꼽는데, 그보다는 묵가의 사상이 아나키즘에 훨씬 가깝다.

물론 아나키즘과 묵가를 연결짓는 것은 시간과 공간의 차이를 무시한 과도한 해석일 수 있다. 그러나 사상의 구체적인 내용이 얼마나 일치하는가가 아니라 그것이 생겨난 맥락과 전개방식을 살핀다면 아나키즘과 묵가의 사상은 비슷한 면을 가지고 있다. 지배층이 아니라 피지배층의 관점에서 세상을 바라보고 변화시키려 했다는 점, 사랑과 보살핌을 사회구성의 핵심 원리로 받아들인 점, 실천하지 않는 사상을 공허하다고 봤다는 점 등등.

중국 춘추전국시대에 유가와 함께 양대 학파를 이뤘던 묵가의 창시자는 묵적으로서, 그의 제자들은 묵적의 사상과 행동을 기록한『묵자』라는 책을 남겼다. 이 책에 따르면 묵적과 제자들은 아나키스트들처럼 언제나 평등을 상징하는 검은색 옷을 입었으며, 스스로 노동하며 자신들이 먹을 것을 마련했다. 그리고 권력의 절대적인 정당성을 부인했을 뿐만 아니라 크로포트킨의 상호부조와 유사한 사상을 설파했다. 특히 묵가의 명성은 학파로서만이 아니라 자신들의 앎을 구체적인 행동으로 실천하려 했다는 점에서도 높았다.

왕과 제후의 시대에 살았기 때문에 묵가는 왕이나 제후를 근본적으로 부정하지는 못했다. 그러나 묵가는 '상동'(尚同)을 주장하면서, 백성들을 일방적으로 지배하지 말고 백성들이 윗사람을 높이고 화합할 수 있도록 지배층이 진심으로 인의(仁義)를 실천하라고 강조했다. 그리고 설사 황제라 하더라도 마음대로 정치를 할 수 없고 하늘을 따라야 한다고 주장했다. 그런데 묵가가 강조한 하늘은 "천하의 백성을 사랑"하므로, 결국 천자는 백성을 보살펴야 했다.

묵가는 이처럼 하늘의 뜻을 따르는 것을 올바른 정치, 즉 의정(義政)이라 말했다. 이와 달리 그 뜻을 거부하는 것은 폭력정치, 즉 역정(力政)이었다. 묵적이 말하는 의정이란 "큰 나라가 작은 나라를 공격하지 않고, 큰 집안이 작은 집안을 빼앗지 아니하며, 강한 자는 약한 자의 것을 강탈하지 아니하고, 귀한 자는 천한 자에

원래 묵(墨)은 이마에 먹으로 죄명을 새기는 묵형(墨刑)을 뜻한다. 노동과 절제를 숭상한 묵적의 학풍이 천한 일에 종사하는 노예 같다고 해서 당시의 상층귀족이 비웃으며 붙인 이 별명을 묵적은 오히려 자랑스러워했다.

게 오만하지 아니하며, 지략이 많은 자는 어리석은 자를 속이지 않는 것이다". 따라서 묵가가 받아들인 정치는 물리적 폭력에 근거한 권력정치나 지배층의 자의적 권력남용이 아니라 백성을 보살피고 그들의 것을 강탈하거나 착취하지 않는 정치였다.

묵가의 핵심 개념인 '겸애'(兼愛)에서도 이런 사상이 잘 드러난다. 겸애는 "모든 인간을 차별 없이 사랑하라"는 뜻이다. 묵가는 천하의 혼란이 서로 사랑하지 않는 것에서 생겨난다고 봤다. 따라서 그런 사랑이 회복된다면 자연스럽게 세상의 혼란도 사라지리라고 봤다.

그런데 이 사랑은 단순히 남을 사랑하라는 당위로 그치지 않는다. 묵적이 말한 겸애는 "남의 집을 자기 집 위하듯이 하면 누가 남의 집을 어지럽히겠는가? 상대방을 위한다는 것은 자기를 위하는 것과 같다"는 보살핌의 원리에 바탕을 두고 있었다. 즉, 겸애는 공존의 전제이자 서로

묵가가 활동하던 춘추전국시대는 혁명의 시대였다. 봉건제도가 해체되고 중앙집권체제가 형성되던 이 과도기에 묵가는 지배권력의 정당성에 도전한 집단이기도 했다. 그래서인지 훗날 마오쩌둥은 묵자(묵적을 높여 부르는 말)를 이렇게 평가했다. "묵자는 한 사람의 노동자로서 관직에 나아가지 않았다. 그러나 묵자는 공자에 비견될 만큼 고명한 성인이었고, 고대 변증유물론의 대가였다"(위 사진은 1949년 10월 1일에 중화인민공화국 정부의 수립을 선포하는 마오쩌둥의 모습이다).

보살피는 마음을 실천하는 것이다. 이런 사상은 상호부조의 감정이 회복된다면 자연스레 코뮌이 구성될 수 있으리라는 크로포트킨의 사상과 매우 유사하다.

또한 묵가는 전쟁을 적극적으로 반대했다. 묵가의 또 다른 핵심 개념인 '비공'(非攻)은 침략전쟁을 반대했던 묵가의 생각을 잘 보여준다. 묵가는 전쟁을 벌이는 것이 전혀 이득을 가져오지 못한다고 설득했고, 정벌이 소수의 국가에 유리할망정 천하에 해로우면 올바른 길(正道)이 아니라고 말했다. 즉, 묵가는 전쟁과 정벌이 의에 옳지 않을 뿐만 아니라 이득도 없는 천하의 가장 큰 해악이라 주장했던 것이다. 특히 묵가는 전쟁과 정벌을 단순히 이념적으로 반대하는 것을 넘어서서 전쟁과 정벌을 막을 수 있는 성의 수비술을 직접 개발하기도 했다. 실제로 초나라의 송나라 침략을 막는 등 묵가는 여러 침략전쟁을 막은 사실로도 유명하다. 묵적과 제자들은 전쟁을 벌일 가능성이 있는 곳이면 어디든지 달려가 목숨을 걸고 전쟁을 막았던 것이다.

묵적은 겸애나 비공이 공허한 이상에 불과하다는 비웃음에 대해 "실천할 수 없는 것이라면 나도 역시 그것을 비난할 것이다. 그러나 어찌 좋은 것이면서도 실천할 수 없는 것이 있겠는가?"라며 되물었다. "말이란 행동을 변화시킬 수 있는 것이라면 항상 말해도 되지만 그럴 수 없는 것이라면 말해선 안 된다. 말이 행위를 변화시킬 수 없는데도 자꾸 말을 한다면 쓸데없는 말에 불과하다." 묵적은 몸소 행위할 때에만 말이 의미를 가질 수 있다고 생각했다. 이런 생각은 '실행에 의한 선전'과 직접행동 같은 아나키스트의 구호와 유사하다.

## 아나키즘이냐 무정부주의냐?

서양의 아나키즘처럼 묵가의 사상도 차츰 역사에서 지워졌다. 특히 진나라에 이어 중국을 평정한 한나라가 유가를 받아들이자 유가와 대립노선을 걸었던 묵가는 몰락의 길을 걸을 수밖에 없었다. 전통적으로 유가의 영향을 받아왔던 한국도 사정은 그리 다르지 않았다.

그러나 최근 한국에서도 묵가에 대한 관심이 살아나고 있다. 가령 『강의』(2004)라는 책에서 신영복은 묵가의 말과 실천을 높이 평가하고 있다. "한마디로 묵자에게 있어서 판단의 표준은 묵자의 사회정치적 입장을 의미합니다. 묵자의 입장은 기층 민중의 이익입니다. 그리고 기층 민중의 이익은 전쟁을 반대하고 서로 사랑하고 나누는 것입니다."

1890년대의 이 풍자화는 당시 제국주의 열강의 각축에 위협받던 중국의 상황을 잘 보여준다. 영국의 빅토리아 여왕, 독일의 빌헬름 2세, 러시아의 니콜라이 2세, 프랑스의 상징 마리안느, 일본의 메이지천황이 모두 '중국'이라는 파이에 눈독을 들이고 있다.

물론 아나키즘이 한국에 전파되기 시작한 것은 1880년대로서, 묵가의 사상과는 큰 관련이 없었다. 특히 아나키즘이 한국에 본격적으로 유입된 것은 20세기 초로서 일본의 한국인 유학생이나 한국에 있던 일본인 사회주의자를 통해서였다. 그러나 한국에 아나키즘이 유입된 배경은 고대 중국에서 묵가가 등장하게 된 배경과 너무나 똑같았다. 어느 곳이건 강제, 억압, 부당한 전쟁이 판치는 곳에서는 새로운 사상의 싹이 자리를 잡기 마련이다.

19세기 말부터 시작된 서구 열강의 침입은 한국, 일본, 중국이 전통의 중화질서를 벗어나 서구적인 근대화에 대한 열망을 공유하도록 만들었다. 서구 열강의 문물은 낯선 외국의 것이 아니라 한 단계 발전된 사회로 나가기 위한 필수과정으로 여겨졌다. '서구 따라잡기'는 '문명의 진화'와 똑같은 의미로 여겨졌고, 비판적인 수용이나 성찰보다 일방적인 계몽과 지도의 방식을 취했다.

서구 열강의 침입에 반발한 민족주의자들이나 서구를 추종한 자유주의자들 모두 그 문물을 배워 힘을 길러야 한다고 생각했다. 약자의 해방을 주장한 사회주의자들마저도 (맑스에 따르면 사회주의는 자본주의보

러시아와의 전쟁(1904~05년)과 중국과의 전쟁(1937~45년)에서 승리를 거둔 일본은 명실상부한 제국주의 열강이 됐다. 아나키즘을 가장 먼저 수입한 동양 국가 일본의 아나키스트들이 군국주의와 천황제를 제1의 타도대상으로 삼게 된 까닭이 여기에 있다(위 사진은 러시아 간섭전쟁 당시 블라디보스톡 시내를 행진하는 일본군의 모습이다).

다 더 높은 단계를 의미했기 때문에) 사회주의를 해방이라기보다는 서구적인 발전의 의미로 받아들였다. 이런 분위기에서 아나키즘 역시 서구의 사상으로 수입됐다.

아나키즘을 가장 먼저 수입한 곳도, 맨 처음 '무정부주의'로 번역한 것도 일본이다. 그러나 그렇게 번역한 사람이 누구인가에 대해서는 의견이 갈린다. 1882년 니시카와 츠테츠가 『허무당사정』에서 '무정부주의'라는 용어를 처음 사용했다고 보는 이도 있고, 1902년 게무라야마 센타로가 『근세무정부주의』에서 처음 사용했다고 보는 이도 있다.

무정부주의라는 번역어는 언뜻 타당해 보이나 아나키즘이 거부했던 정치혁명을 연상시킨다는 점에서 잘못된 번역이다. 지금껏 살펴봤듯이 아나키스트는 국가권력을 다루는 정치뿐만 아니라 일상생활 전체를 변화시켜야 한다는 의미에서 사회혁명을 주장했다. 그리고 정부를 거부한다는 주장은 일체의 정치적 권위를 거부하는 것이 아니라 자기결정과 모순되지 않는 정치적 권위만을 인정한다는 긍정적인 의미를 담고 있다. 따라서 무정부주의라는 번역어는 아나키즘을 지나치게 정부와 개인 사이의 대립으로 해석하게 만들고 사회혁명의 중요성을 은폐한다.

동아시아의 아나키스트들은 무정부주의라는 번역어가 나온 지 얼마 되지 않아 이 말을 '무강권주의'(無强權主義)라는 말로 바꾸려고 시도하기도 했다. 그러나 무정부주의라는 말이 이미 너무나 대중화되어 있던 탓에 이 시도는 실패했고, 결국 러시아 인민주의자들의 테러활동과 허무주의를 아나키즘과 동일하게 본 무정부주의라는 번역어(게무라야마 센타로가 『근세무정부주의』를 썼던 것도 아나키즘을 비판하기 위해서였다)가 동양에서 널리 쓰이게 됐다.

동양의 제국주의 국가였던 일본에서는 무엇보다도 국가와의 싸움이 중요했기 때문에 무정부주의라는 번역어가 그다지 큰 물의를 빚지는 않았다. 일본에서는 노동자의 직접행동(총파업)으로 사회혁명을 일으켜야 한다는 조합주의가 혁명운동을 주도했고, 맑스주의와도 뚜렷한 차이를 드러내지 못했다. 그러던 중 크로포트킨의 사상이 소개되면서 아나키즘과 맑스주의의 차별성이 부각되기 시작했다.

특히 고토쿠 슈스이와 오스기 사카에가 주도한 아나키즘운동은 군국주의·애국주의를 비판했고, 1907년에는 아주화친회를 만들어 국경을 뛰어넘는 동아시아 연대를 꾀하기도 했다.

일본의 아나키즘운동은 당시 성장하던 일본 군국주의와 천황제, 그들의 뒤를 봐주던 거대 산업자본에 저항했다. 이 와중에 계급모순이

1905년 러일전쟁을 반대하다가 투옥된 뒤 크로포트킨의 저서를 읽고 아나키스트가 된 슈스이(왼쪽)는 천황 암살음모(1910년)의 주모자로 처형되기까지 일본 생디칼리즘의 보급에 앞장섰다. 1923년 간토 대지진 당시 일본 헌병대에게 살해된 사카에(오른쪽)는 조선인 아나키스트들이 "도쿄의 인구를 다 잃더라도 사카에 한 사람을 잃은 손실만 못하다"고 추모했을 만큼 조선인 아나키스트들에게 지대한 영향을 끼친 인물이기도 하다.

첨예해졌지만, 한국이나 중국과 달리 민족모순은 크게 부각되지 않았다. 따라서 일본의 아나키스트들은 군국주의 정부를 비판하고 노동조합을 조직하며 동아시아의 운동세력들과 연대활동을 벌이는 데 전념했다. 그러나 이처럼 선구적으로 아나키즘을 수용하고 동북아 연대의 기틀을 마련했지만, 일본 군국주의가 '대동아공영권'을 부르짖으며 침략전쟁을 벌이고 그에 따라 각국의 민족주의 운동이 성장하자 일본 아나키스트들은 애매한 위치에 놓일 수밖에 없었다.

중국의 아나키즘운동은 일본에서 성장하던 아나키즘이 도입되면서 시작됐다. 중국에서도 『근세무정부주의』가 신문과 잡지에 연재되면서 아나키즘은 무정부주의로 소개됐고, 일본에서와 마찬가지로 처음에는 허무주의나 테러활동과 동일하게 다뤄졌다.

혼히 '중국 아나키즘의 영혼'으로 기억되는 스푸는 평민계층에게 큰 존경을 얻었다 그래서 이들은 본명인 류샤오빈보다는 '선생'(師父)을 뜻하는 스푸로 그를 부르곤 했다.

그러던 중 류스페이, 리스쩡, 스푸 등이 중국의 아나키즘운동을 이끌면서 무정부주의라는 말을 거부하고 강권에 반대하는 '반(反)강권주의'로 고쳐 불렀다. 류스페이는 전통적인 평균(平均) 사상에 기초한 유토피아를, 리스쩡은 크로포트킨의 사회진화론을 받아들여 대동(大同)에 바탕을 둔 사회를 건설하려했다. 특히 평민대혁명을 주장한 스푸는 가족의 성씨를 버리고 만국공용어인 에스페란토어의 사용을 주장하며 반(反)전통교육운동을 펼쳤다.

이처럼 중국에서도 아나키즘은 권력의 타도만이 아니라 중국인들의 일상생활에 뿌리박힌 억압적 전통을 거부하는 사회혁명으로 나타났다. 『동아시아 아나키즘, 그 반역의 역사』(2001)를 쓴 조세현이 지적한대로, "공화정치에 대한 실망감과 위안스카이의 독재 및 군벌정부의 등장"은 당시의 중국인들에게 절망감을 심어 줬고, "총체적인 사회·문화의 변혁 없이는 결코 민주국가의 이상을 달성할 수 없다"고 믿게 만들었던 것이다. 그러나 곧 일제의 침략이 본격화되고 민족주의의 영향력이확대되면서 중국의 아나키즘운동도 서서히 그 힘을 잃어 갔다.

한국의 아나키즘운동은 3·1운동의 좌절 이후 본격화됐다. 3·1운동의 실패는 사회변혁의 전술로서 사회주의에 대한 관심을 높였는데, 재일 유학생들은 그 일환으로 아나키즘운동에 주목했던 것이다. 1921

1919년의 3·1운동은 일제가 식민정치를 '문화정치'로 바꾸게 만드는 성과를 거뒀다. 그러나 수많은 희생자를 낳은 일제의 무력탄압은 비폭력투쟁이 아닌 폭력투쟁의 필요성을 각성시켰고, 이에 따라 재일 유학생들의 주도 아래 아나키즘이 사회변혁 전술의 일환으로 국내에 소개되기 시작했다(위 사진은 덕수궁 앞에서 일어난 만세시위 모습이다).

년 11월 29일 일본에서 박열과 김약수 등이 결성한 아나키즘 단체 흑도회는 크로포트킨의 상호부조를 사회운영의 원리로 받아들였고, 직접행동을 통한 사회변화를 추구했다(훗날 박열은 상호적인 인간성을 불신하고 사회진화론을 받아들이면서 허무주의자로 변신했다).

중국에서는 신채호가 1921년에 『천고』라는 잡지를 창간했다. 일본 제국주의의 야만성, 항일 무장투쟁과 독립의 필요성을 주장한 이 잡지는 한국과 중국의 항일연합전선의 필요성을 주장하는 데로 나아갔다. 신채호는 같은 해에 흑색청년동맹의 베이징 지부를 만드는 등 아나키스트로서의 본격적인 활동을 벌이며 반강권 논리를 발전시키기 시작했다. 또한 1930년에는 이회영, 유자명, 유기석 등의 한인 아나키스트들이 중

1919년 친미주의자였던 이승만이 대통령이 되자 이에 격분해 대한민국임시정부와 단호히 결별을 선언한 신채호는 1921년부터 아나키스트로 독립운동을 주도했다.

국 상하이에서 남화한인청년연맹을 결성했다. "우리는 절대적으로 자유평등한 이상적 신사회를 건설한다"는 강령을 내걸었던 남화한인청년연맹은 공공연하게 "사회혁명을 수행하는 것을 목적으로 한다"는 규약을 제정했다.

한국의 아나키즘운동은 새로운 사회의 건설만이 아니라 일제 식민지로부터의 해방운동을 동시에 추구해야 했기 때문에 무정부주의라는 용어를 부담스러워할 수밖에 없었다. 특히 그 당시 식민지해방을 추구하던 다른 운동세력들이 독립국가나 사회주의국가를 목표로 삼고 있었기 때문에, 국가를 거부하는 아나키즘의 입장은 다른 운동과 연대하기가 더욱더 어려웠다. 그래서 때때로 한국의 아나키스트들은 중국의 아나키스트들처럼 아나키즘을 강권에 반대한다는 의미로 사용했다.

1945년 12월 5일 대한민국임시정부에 참여했던 아나키스트 유림이 대표적인 예이다. 유림은 귀국회견에서 "당신은 무정부주의자인가?"라는 신문기자의 질문에 이렇게 답했다고 한다. "무정부라는 말은 아나키즘이란 희랍말을 일본인이 악의로 번역해 정부를 부인한다는 의미로 통용되는 모양이지만 '안'은 무(無)요 '아키'는 머리니, 강권이나 전제를 배격한다는 말이다. 따라서 나는 강권을 절대 배격하는 아나키스트요, 무정부주의자가 아니오."

이처럼 한국의 아나키스트들은 당대의 상황을 염두에 두고 있었기 때문에, 1920년대 초반까지는 식민지해방운동에서 독자적인 조직을 결성하거나 독자적인 노선을 고집하기보다는 다른 세력(특히 사회주의자들)과의 연대를 모색했다. 그러나 신간회의 결성과 서구의 논쟁이 되풀이됐던 '아나-볼' 논쟁을 거치면서 다른 운동과 결별하게 됐다.

## 식민지 시기의 아나키즘과 신간회

한국의 아나키스트들이 다른 세력과의 공동노력으로 얻은 대표적 결실은 1920년 2월 11일 경성에서 결성된 한국 최초의 노동조합 조선노동공제회였다. 그래서인지 조선노동공제회의 기관지 『공제』는 한국 최초의 사회주의 잡지 『신생활』(1922년 3월 창간)과 함께 아나키즘을 소개하는 글을 자주 실었고, 1920년대 국내 사회주의에 많은 영향을 끼쳤다.

당시 아나키즘을 적극적으로 소개한 대표적 인물로는 조선노동공제회 정기총회의 대표 61인 중 하나였던 유진희가 있다. 유진희는 정치란 사랑, 자주, 평등을 바탕으로 이뤄져야 하고 호상부조(상호부조)를 원리로 삼아야 한다고 강조했다. 다분히 크로포트킨의 아나코-코뮌주의를 연상시키는 이 주장은 크로포트킨이 한국의 아나키스트들에게 끼친 영향력을 엿볼 수 있게 해준다.

실제로 동아시아에서는 서구의 여러 아나키스트들 중 크로포트킨의 영향력이 가장 강했다. 조세현은 그 원인을 러시아의 풍토에서 싹튼 크로포트킨의 사상이 동아시아의 환경에 가장 잘 어울렸다는 점에서 찾는다. "윤리학이 중심에 있는 크로포트킨의 사회주의 이론은 유학 중심의 윤리정치를 추구한 동아시아의 전통과 매우 가깝다." 그래서인지 사

1924년 결성된 재중국조선무정부주의자연맹의 기관지에 '청년에게 고함'이라는 제목으로 재수록된 크로포트킨의 「청년에게 보내는 호소」(『탈환』, 1928년 6월 1일).

회주의 계열의 『신생활』도 아나코-코뮌주의를 많이 소개했다. 『신생활』은 『상호부조론』은 물론, 『반란자』에 수록된 「청년에게 보내는 호소」라는 글까지 소개해 아나키즘에 대한 국내의 이해도를 높이는 데 일조했다.

『한국의 아나키즘』(2001)을 쓴 이호룡은 한국인들이 큰 무리 없이 아나키즘을 수용한 이유를 다섯 가지로 정리하는데, 이를 통해서도 크로포트킨의 사상이 1920년대 초 식민지 지식인들과 청년들에게 영향을 끼친 배경을 알 수 있다. 첫째, 아나키즘은 사회진화론을 극복하는 데 적합했다. 둘째, 유교와 같은 전통사상에 "내가 하고 싶지 않은 바를 남에게 베풀지 말아야 한다"(己所不欲勿施於人)는 아나키즘과 유사한 내용이 담겨 있었다. 셋째, 계나 품앗이 같은 공동체 의식과 관습이 강하게 남아 있었다. 넷째, 사회경제적인 조건이 악화되어 민중이 사회변혁의 주체로 출현하고 있었다. 다섯째, 봉건적인 질곡과 일제의 식민지배로부터 해방되고자 하는 자유에 대한 열망이 존재했다.

특히 크로포트킨의 아나코-코뮌주의는 당시 동아시아에서도 유행하던 헉슬리 식의 사회진화론을 논박해 주는 주된 무기 중의 하나였다. 당시 동아시아와 한국이 서구 제국의 침략을 받으며 열심히 몰두하고 있었던 '서구 따라잡기'는 치열한 적자생존의 국제질서에서 살아남으

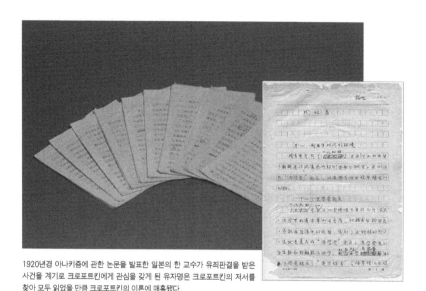

1920년경 아나키즘에 관한 논문을 발표한 일본의 한 교수가 유죄판결을 받은 사건을 계기로 크로포트킨에게 관심을 갖게 된 유자명은 크로포트킨의 저서를 찾아 모두 읽었을 만큼 크로포트킨의 이론에 매혹됐다.

려면 강해져야 한다는 힘의 논리를 수용하는 것으로 이어졌고, (자유주의나 민족주의는 말할 것도 없고 사회주의까지) 거의 모든 사상들이 사회진화론을 암암리에 받아들였다.

이와 같은 사회진화론의 영향력은 1930년대까지 이어졌다. 그러나 식민지 시대의 아나키스트들은 사회진화론이 가지는 문제점, 즉 그것이 제국주의 이데올로기를 정당화한다는 점을 간파했다. 약육강식의 생존경쟁에서 살아남으려면 힘을 기르고 강해져야 한다는 논리는 강한 제국주의 세력이 약소국을 힘으로 지배하는 현실을 정당화하는 자기모순을 안고 있었던 것이다.

이런 상황에서 헉슬리 식의 사회진화론을 반박하고, 과학적인 연구성과에 바탕을 둔 보편성을 강조해 평화로운 국제연대의 가능성을 열어 놓은 크로포트킨의 사상은 새로운 대안을 추구할 수 있는 이론적 토대로 여겨졌다. 가령 항일독립운동단체인 의열단에 아나키즘을 보급한 유자명은 "다윈의 생존경쟁 학설이 유럽 각국의 제국주의자들에 의해서 식민지 침략전쟁을 변호하는 데 이용됐으나, 크로포트킨의 '상호부조론'은 침략을 반대하는 근거로 됐다"고 말했다.

이렇듯 아나키즘이 새로운 대안사상으로 떠오르자 1926~27년경 아나키즘운동은 한반도 북부지방을 중심 삼아 조직적인 단체로 발전하게 됐다. 이렇게 아나키즘운동의 세력이 확대되면서 소련공산당의 지도를 받던 공산주의운동과의 대립도 점점 심해지게 됐다. 특히 1927년 공산주의자들과 민족주의자들이 연합해 신간회를 결성하자, 아나키스트들은 공산주의와의 대결을 결심했다.

흔히 신간회는 민족주의 좌파와 사회주의 세력이 힘을 모아 독립을 꾀한 긍정적인 단체로 평가된다. 신간회는 식민지해방을 위해 기회주의와 파벌주의를 해소하고 민족협동전선을 펼친다는 취지로 건설됐는데, 코민테른의 지도를 받던 공산주의자들은 민족해방 이후에 계급해방을 추구한다는 2단계 혁명론을 바탕으로 신간회 결성에 참여했다.

그러나 아나키스트들은 민족국가의 건설을 목표로 삼을 뿐만 아니라 사회진화론에 따른 계급의 불평등을 인정한 채 노동운동·농민운동의 성장을 가로막던 민족주의자들과 타협할 수 없었다. 이와 마찬가지로 아나키스트들은 민족주의자들과 타협했을 뿐만 아니라 코민테른의 중앙집중화된 운동을 따르던 공산주의자들도 격렬하게 비판했다.

결국 볼셰비키와는 다른 공산주의의 가능성을 보여주려고 했던 아나키스트들은 자신들의 원칙을 분명하게 드러내고, 민족주의자들과 공

애초 민족주의자들과 사회주의자들의 연합체로 각광받았던 신간회는 사실 두 세력의 끊임없는 알력으로 속앓이를 해야 했다. 특히 1928년 코민테른이 민족주의자들과의 협력보다는 "노동운동 농민운동의 혁명적 전개에 기초한 당 재건"을 지시한 '12월 테제'를 발표한 뒤부터는 두 세력의 갈등이 더욱더 커졌다. 결국 신간회는 별다른 성과를 거두지 못한 채 1931년 5월 15일 해산을 결정하게 된다(위 사진은 1930년 신간회 김천지회 결성식 장면이다).

산주의자들에 맞서 대규모 조직활동을 모색하기 시작했다. 그에 따라 1927년 후반, 중국의 한인 아나키스트들은 재중국조선무정부주의자연맹의 이름을 재중국조선무정부공산주의자연맹으로 바꾸고 강령을 제정했다. 이 강령에서 이들은 국가의 폐지와 코뮨의 원리, 정치운동 배제와 직접행동 노선을 분명하게 밝혔다.

1. 일체 조직은 자유연합조직원리에 기초할 것.

2. 일체 정치운동을 반대할 것.

3. 운동은 오직 직접 방법으로 할 것.

일본보다 공산주의가 더 큰 위세를 떨치고 있었던 중국은 한국 아나키스트들에게는 자신의 사상을 더 치열하게 검증할 수 있는 무대였다(위 사진은 1920년 출간된 「공산당 선언」의 중국어 초판이다).

4. 미래사회는 사회 만반(萬般)이 다 자유연합의 원칙에 근거할 것이므로, 정치적 당파 이외의 각 독립운동 단체 및 혁명운동 단체와 전우적 관계를 지속 존중할 것.

5. 국가 폐지.

6. 일체 집단적 조직을 소멸할 것.

7. 사유재산을 철폐하고 공산주의를 실행하되 산업적 집중을 폐하고 공업과 농업의 병합, 즉 산업의 지방적 분산을 실행할 것.

8. 종교, 결혼제도, 가족제도 폐지.

국내에서도 1927년 12월 22일 관서흑우회가 결성됐다(이 조직은 1929년 11월 10일 조선공산무정부주의자연맹으로 발전해 아나키스트 조직운동의 본격적인 시작을 알렸다). 관서흑우회는 선언문에서 "적색 개량주의 일파, 즉 공산주의자들에게 농락당하는 대중을 바른 길로 구축하지 않으면 안 된다"고 분명하게 규정했는데, 이 선언문에서 아나코-코뮨주의의 성향을 분명하게 드러냈다.

현재의 국가제도를 폐지하고 코뮨을 기초로 한 자유연합적 사회제도를 건설할 것, 현재의 사유재산제도를 폐지하고 지방분산적 산업조직으로 개혁할 것. 현재의 계급적, 민족적 차별을 철폐하고 전 인류의 자유, 평등, 우애의 사회를 건설할 것.

또한 1928년 1월 15일에는 직접적으로 신간회를 겨냥해 흑우연맹이 결성되기도 했다. 이들은 신간회를 "인류의 적"으로 규정하고 그것을 타도해야 한다고 주장할 정도였다.

위 사진은 박열과 그의 정신적 동반자였던 일본 아나키스트 가네코 후미코의 모습이다.

이제 아나키즘운동은 민족주의운동뿐만 아니라 러시아 볼셰비키를 따르던 공산주의운동과도 돌이킬 수 없는 대립의 길을 걷게 됐다. 더구나 이런 대립은 식민지 해방의 방식은 물론이거니와 해방 이후에 어떤 사회를 건설할 것인가라는 목표를 놓고 전개된 대립이기도 했기에 갈수록 첨예해졌다.

### '아나-볼' 논쟁: 1927년 3월~7월

서구에서도 그랬듯이, 한국에서도 아나키스트들과 공산주의자들은 조직방식이나 운동의 목표를 놓고 격렬히 대립할 수밖에 없었다. 일본 제국주의라는 막강한 적에 맞서기 위해 공동전선을 만들긴 했지만 이런 이론적 차이는 쉽게 좁힐 수 없었다.

결국 이와 같은 긴장은 결국 '아나-볼' 논쟁이라고 불렸던 아나키스트들과 볼셰비키 간의 논쟁을 통해 터져 나왔다. 이념적인 차이뿐만 아니라 현실의 운동에서도 자기 세력을 확대하기 위해 서로를 견제했기 때문에 이 논쟁은 피할 수 없는 것이었다.

중국 내의 한인 아나키스트들은 일찌감치 볼셰비즘의 문제점을 간파하고 있었다. 유자명은 볼셰비키가 "맑스와 엥겔스가 『공산당 선언』에서 제출한 계급투쟁에 관한 일부 학설을 잘 이해하지 못했거나, 이에 동의하지 않았다"라고 말했다.

1920년 대한민국임시정부를 대표해 러시아를 다녀온 조소앙에게 혁명 이후의 러시아 상황을 전해들은 이회영도 "그들이 말하는 평등생활이 하루에 세 끼 밥을 균등히 주는 감옥생활과 무엇이 다른가"라고 반문하며 볼셰비키에 반감을 표시했다. "독재권을 장악하고 인민을 지배하는 정치는 옛날의 절대왕권의 정치보다도 더 심한 폭력정치이다."

이런 인식의 차이는 조금씩 불거지다 1922년 7월 조선노동공제회의 분열로 구체화됐다. 조선노동공제회를 탈퇴한 아나키스트들 중 한 명인 고순흠은 간판과 서류를 불태우면서 "점차 볼셰비키가 침투케 되자 고질적인 사대주의자가 발생이 되고 공산당 선전비 쟁취에 민족적 추태가 노골화케 되므로 창립책임감에 분노를 금치 못하여 부득이 파괴를 감행"했다고 밝혔다.

1924년 「노농노국의 종국 : 볼셰비키와 무정부주의」라는 글을 발표한 흑도회의 원종린은 볼셰비즘과 아나키즘 모두 불합리하고 부패한 과거의 사회제도를 부인하며 합리적이고 이상적인 사회를 실현하려 했지만, 그 구체적 수단 등에서는 '철천지원수'라고 쓰기까지 했다.

그러던 중인 1925년 공산주의 계열의 문인들은 조선프롤레타리아예술가동맹(이하 카프)을 결성해 문단을 장악하고 자신들의 문예이론을 펼치기 시작했다. 애초에 카프는 일제의 식민지 지배로 고통받던 민중을 대변한다는 다분히 인도주의적 성격을 띠었다.

그러나 1926년 1월 25일 자신들의 기관지 『문예운동』을 발간하면서부터 카프는 '계급운동으로서의 문학'을 강조하게 된다. 특히 박영희는 「투쟁기에 있는 문예비평가의 태도」라는 글에서 문예작품의 형식보다는 내용(무산자계급의 당파성)을 강조하는 프롤레타리아트 문예의 확립을 주장했다. 김화산, 이향, 권구현 등 카프 내의 아나키즘 계열 문인들은 박영희의 이런 주장을 곧장 반박했고, 이들 간의 논쟁은 1927년 가을까지 이어졌다. 바로 이 논쟁이 '아나-볼' 논쟁이다.

논쟁의 불을 당긴 것은 김화산이었다. 1927년 3월 김화산은 「계급예술론의 신전개(新展開)」라는 글을 통해 선전수단으로서 계급문학의 가치를 인정하면서도 예술의 자율성을 인정했다. 예술활동이 사회운동의 도구로 쓰일 수 있지만, 그럴 때에도 예술활동이 예술의 본질을 벗어나면 안 된다는 것이었다. 이에 볼셰비키에 경도된 카프 지도부는 계급해방운동을 지원하지 못하는 예술의 가치를 부정한다고 주장하며, 아나키스트 문인들은 "좌익문예가의 가면을 쓰고 대중에게 부르주아 이데올로기를 주입시키고자 하는 예술파적 소시민"이라고 비판했다.

이 논쟁은 카프에서 아나키즘 계열 문인들이 모두 제명되는 것으로 끝났다. 그러나 이 논쟁은 그저 문인들만의 싸움으로 그치지 않고 아나키스트들과 공산주의자들 전체의 대립으로 이어졌다. 이 논쟁은 계급사회에서 예술활동이 어떠해야 하느냐를 넘어서서 볼셰비키의 사상과 실천방식 자체에 대한 논쟁으로 확대됐기 때문이다. 게다가 카프 지도부는 아나키즘 계열의 문인들을 제명할 때 명확한 근거를 갖추지 못했다. 오히려 다른 사상과 완전히 결별한 채 공산주의라는 단일한 사상으로 카프를 재정비해야 할 필요성에 따라 취해진 조치였다.

관념적인 계급당파성만을 주장한 카프는 내세울 만한 작품 없이 해체됐지만(1935년), 그 영향력은 해방 이후까지 유지됐다. 이에 따라 순수문학을 지향하는 문인들은 카프의 영향을 받은 좌파 문인들을 견제하기 위해 전조선문필가협회를 결성하게 된다(위 사진은 1946년의 전조선문필가협회 결성식 장면이다).

결국 아나키스트들과 공산주의자들은 더 이상 '방법이 약간 다른' 동지일 수 없었고 서로를 적으로 규정하기 시작했다. 가령 흑우연맹의 기관지 『흑색신문』(1934년 10월 24일자)은 "민중에게 『자본』과 레닌의 교리를 강제하며 그 교리 앞에 민중의 정당한 요구를 교묘히 말살시키고 자기들의 지배권을 확립하려고 한다"며 공산주의자들을 비판했다. 심지어 러시아 실정을 파악한 아나키스트들은 비판을 넘어 공산주의자들을 "씨도 없이 모조리 박멸해야" 할 타도 대상으로 규정했다.

그러나 조직적인 혁명방법이나 미래사회의 전망을 상세히 제시하지 않던 아나키스트들과 달리, 공산주의자들은 러시아라는 혁명모델을 갖고 있었고 코민테른의 지원까지 받고 있었다. 그리고 중앙집권화된 강력한 조직을 바탕으로 점차 동북아시아에서 세력을 불려 나갔다.

이렇게 공산주의운동에 계속 밀리자 일본에서는 1934년 1월 일군의 아나키스트들이 일본무정부공산당을 창당하고 프롤레타리아 독재를 본떠 '민중독재론'을 제기하기도 했다. 중국의 한인 아나키스트들도 1936년의 스페인 인민전선을 본떠 '민족전선'을 구성하고 '단계적 혁명론'을 주장하기도 했다. 이런 시도는 아나키즘운동의 근본적인 방향전환이 아닌 운동전술의 변화였다고 해도 위기에 처한 아나키즘운동이 애초의 원칙을 스스로 벗어 던지고 있음을 증명해 주는 사건이었다. 그리고 이런 변화는 해방 뒤에 더욱더 불거졌다.

## 풀뿌리민주주의운동과 아나코-코뮌주의

1945년 9월 29일 한국의 아나키스트들은 해방 직후 최초의 아나키스트 단체인 자유사회건설자연맹을 결성했다. 이 단체가 선포한 강령은 다음과 같았다. "우리는 독재정치를 배격하고 완전한 자유의 조선 건설을 기한다. 우리는 집산주의 경제제도를 거부하고 지방 분산주의의 실현을 기한다. 우리는 상호부조에 의한 인류일가이상(人類一家理想)의 구현을 기한다." 이 강령은 해방 이후에도 아나키스트들이 아나코-코뮌주의의 이상을 계속 간직하고 있었음을 잘 보여준다.

그러나 해방 직후의 불안정한 정치상황(소련과 미국에 의존하는 사대주의 정치, 좌우의 극단적인 이념대결)은 아나키스트들에게 현실적인 선택을 강요했다. 이런 압박감은 1946년 개최된 두 차례의 아나키스트대회가 채택한 결의문에서 분명하게 드러난다.

1946년 2월 21~22일 개최된 경남북아나키스트대회는 "정부수립은 일체의 외세의존을 배제하고 자율적이고 자주적인 방식으로 수행되어야 한다. 정부는 통일된 민족의 기반 위에 세워져야 한다. 정부수립은 지방자치의 확립과 불가분하게 병행되어야 한다. 모든 생산수단은 생산에 종사하는 근로인민에 의하여 관리되고 운영되어야 한다"는 결의안을 채택함으로써 정부의 수립을 현실로 받아들였다. 생산수단의 공동관리와 운영, 지방자치라는 아나코-코뮨주의의 원칙이 고수됐지만, 그것은 정부의 수립을 전제로 삼았다는 점에서 그 한계를 드러냈다. 그 뒤인 1946년 4월 21~23일 개최된 전국아나키스트대회도 "조선 아나키스트는 문자 그대로 무정부주의자가 아니라 비타율정부주의자, 또는 자율정부주의자"라는 선언을 발표하면서 정부수립을 현실로 받아들였다.

이 두 차례의 대회는 아나키스트들이 독립정부의 수립을 받아들임으로써 국가를 폐지한다는 아나키즘의 신조에서 후퇴했다는 사실을 보여준다. 물론 지방자치의 확립을 강조함으로써 국가권력의 분산을 꾀하기는 했지만 이런 주장은 다른 사상과의 핵심적인 차별성을 잃어버렸던 것이다. 심지어 1946년 7월 7일 유림을 비롯한 아나키스트들이 창당한 독립노농당은 "국가의 완전한 자주독립을 위해 …… 농민, 노동자, 일반 근로대중의 최대 복리를 위해 …… 일체 독재를 배격하고 국내외의 진정한 민주주의 세력과 평등 호조의 원칙에 의해 합작한다"는 강령을 내세우기까지 했다. 그러나 독립노농당은 선거에서 미미한 성과를 거뒀고 1961년 5·16쿠데타로 해산하게 됐다.

영국의 학자 존 크럼은 한국의 아나키즘이 일제 식민통치를 타파하려는 민족주의에서 출발했기 때문에 본래의 원리에서 일탈할 수밖에 없었다고 파악한다. 그러나 이런 일탈이 아나키즘운동의 몰락을 자초했다고 보기는 어렵다. 왜냐하면 미소에 의한 분단과 한국전쟁, 군부독재

국가폐지를 신조로 삼고 있던 아나키스트들은 해방 이후 독립국가 건설이라는 민중들의 염원을 외면할 수 없었다. 아나키스트들로서는 남한 단독정부 수립에 찬성하거나, 남북 통일정부 수립에 찬성하거나 두 가지 선택밖에 없었다. 그러나 어느 쪽이 됐든 신념을 굽혀야 한다는 데에는 변함이 없었다(위 사진은 당시의 신탁통치 반대 벽보이다).

라는 한국 현대사의 질곡이 아나키즘운동의 몰락을 강요했다는 점도 결코 무시될 수 없기 때문이다.

『한국 아나키즘 100년』의 필자들은 1970년대에도 한국 아나키즘운동이 민주통일당이나 자주인총연맹, 국민문화연구소 등의 활동으로 이어졌다고 본다. 그렇지만 사실상 그 활동영역은 아주 제한됐다. 이들이 주도한 정당활동이나 농촌계몽운동은 국가, 그것도 군부독재라는 억압적인 국가권력 아래에서 이뤄질 수밖에 없었기 때문이다. 그리고 이런 정당활동이나 계몽활동은 아나키즘의 중요한 원칙인 직접행동을 제대로 실현할 수도 없었다.

비록 현대사의 질곡을 거치며 쇠퇴하긴 했지만, 한국에서도 아나코-코뮨주의의 정신은 계속 이어졌다. 대표적인 예가 1980년의 광주항쟁이다. 광주 시민들은 상호부조와 자치에 근거해 질서를 유지하고 서로 음식을 나눠먹으며 광주를 해방구로 만들었다. 민중의 힘으로 해방된 광주는 한국의 파리코뮨이었다(위 사진은 광주시민군의 모습이다).

오히려 아나코-코뮨주의의 이상을 실현하려는 노력은 다른 형태로, 잠재된 맹아의 형태로 조금씩 부활되어 왔다. 최근의 풀뿌리민주주의운동이 대표적이다. 비록 자신들의 운동을 아나키즘운동이라 부르지는 않지만, 풀뿌리민주주의운동은 직접행동을 통해 삶의 결정권을 되찾으려 한다는 점에서 아나코-코뮨주의와 일정 정도 친화성을 공유할 수밖에 없다. 상호부조의 원리에 바탕을 두고 국가와 자본의 지배를 거부하는 아나코-코뮨주의는 대중의 정치적인 활력에 기초해 중앙집권화된 권력을 해체하고 자기결정권한을 되찾으려는 풀뿌리민주주의운동과 동일한 속성을 갖고 있기 때문이다. 더구나 풀뿌리민주주의운동과 아나코-코뮨주의는 국가를 대체할 현실적인 방안으로 연방주의를 고려한다는 점에서도 동일한 입장을 갖고 있다.

하천과 산을 지키고 되살리려는 자생적인 운동들, 부안에서 볼 수 있었던 핵을 반대하고 생명의 가치를 되새기는 운동들, 군부독재가 유보시켰던 지방자치제도가 부활하면서 생활영역뿐만 아니라 제도정치 영역에서도 조금씩 피어나고 있는 변화의 싹들…….

지금 당장 국가와 맞서 그것을 없애지는 못하지만 자율적인 권력을 구성하려는 지역의 이런 움직임들은 직접행동을 통해 자기 존재의 의미를 되새기는 능동적 주체로서 대중을 거듭나게 만들고 있으며, 자율적이고 자치적인 공동체를 건설하기 위해 노력하고 있는 중이다.

## 포스트아나키즘 : 아나키즘운동의 새로운 전망

최근 들어 아나키즘에 관한 관심은 더욱더 확산되고 있다. 사실상 이런 관심은 20세기 초반에 이미 진지하게 모색되어야 했던 '가지 않은 길', 즉 언젠가 한번은 걸어가야 할 길에 대한 관심이라고 할 수 있다. 해방 이후 한국사회에는 민족주의와 국가주의의 물결이 계속 넘실거렸다. 외세에 의한 분단이라는 특수한 상황이 식민지 해방 이후에도 민족주의와 국가주의의 영향력을 유지시켰던 것이다.

특히 해방 이후에도 해소되지 못한 사회적·계급적 모순, 한국전쟁과 군부독재로 인한 내부의 억압성은 국가권력을 장악해 사회를 변화시키려는 정치혁명에의 열망을 강화시켰다. 그러나 민족해방이나 국가혁명 같은 거대담론이 실질적인 사회변화를 가져오지 못했고, 사회주의권의 붕괴로 그 현실적 한계를 드러내자 아나키즘이 새로운 대안으로 부상하고 있는 것이다. 물론 19~20세기의 아나키즘을 21세기의 한국에 단순 대입하는 것으로 미래의 대안이 만들어질 수는 없다. 자본의 세계

"국가에 맞서 반란을 일으킬 때, 시민은 민중에 맞서는 다중이 된다." 홉스가 이렇게 말했을 때 그는 다중을 부정적인 개념으로 사용한 것이었다. 그러나 네그리의 다중은 새로운 사회를 자율적으로 형성할 능력을 지닌 긍정적인 존재이다. 이렇게 보자면, 네그리의 다중은 아나키스트들이 지향했던 삶의 모습과 그리 다르지 않다고 말할 수 있다.

화, 새로운 제국주의/제국의 대두, 소비사회와 대중사회의 등장 등은 아나키스트들에게 새로운 고민을 요구하기 때문이다. 따라서 아나키즘은 새로운 접속을 시도할 수 있는 이론들과 공명(共鳴)해야 한다.

이런 점에서 자율주의운동과 코뮨주의는 아나키즘과 여러 면에서 접속가능성을 가지고 있다. 이탈리아의 자율주의운동을 한국에 소개하고 있는 조정환은 『아우또노미아』(2003)에서 자율주의운동의 목표를 이렇게 정의한다. "권력장악을 지향하지 않으면서 국가에 집중되어 있는 권력과 자원의 탈집중화와 자치, 즉 자주관리를 추구하고 …… 국가의 인질이 된 혁명을 삶의 세계로 해방시켜 전 지구적 인류의 구축이라는 실천적 의제를 다시 제기하는 것." 자율주의운동은 권력을 거부하는 데에서 한 걸음 더 나아가 '다중'(mutitude)의 정치적 활력과 산노동의 힘을 되찾으려는 운동이기도 하다. 이런 점에서 자율주의운동은 아나키즘이 주목하지 않았던 생산력과 협동노동의 결합이라는 과제에도 많은 시사점을 준다. 가령 어떻게 하면 전세계적으로 연결된 복잡한 생산망을 인간적인 노동과 생산, 소비가 가능한 생산양식으로 변화시킬 수 있을까? 단순히 분권과 자율을 강조하는 것만으로는 이런 전체 시스템을 변화시키기 어렵다.

한편 프랑스의 철학자 질 들뢰즈와 펠릭스 가타리의 철학을 토대로 국가에 맞서 코뮨을 부활시키려는 이진경의 코뮨주의도 아나키즘과 접속될 수 있는 가능성이 있다. 공산주의(communism)가 아닌 코뮨주의(commune-ism)는 국가장치와 자본축적을 연관시켜 파악하고 그 힘에 포획되지 않는 유목, 국가에 대항하는 전쟁기계, 소수자들의 투쟁을 강조한다는 점에서 아나키즘과 유사하다.

『노마디즘』(2002)에서 "대중의 분자적 욕망에 기초해 계급적 운동과 계급혁명을 재정의하는 것, 그리고 대중의 욕망을 억압하는 것이 아니라 대중의 욕망에 기초해 당이나 당적 운동을 재정의"하겠다는 이진경의 입장은 아나키즘의 권력관에 새로운 고민을 던진다. 대중의 욕망에 기초하는 새로운 조직이 구성될 수 있을까? 만일 가능하다면 어떤 과정을 통해 가능할까? 그리고 코뮨을 지향하지만 상호부조의 원리만이 아니라 '아곤'(agon)이라는 '적대적이지 않은 경쟁'을 강조하는 그의 주장도 개인과 공동체의 관계를 새롭게 고민토록 해준다.

지역사회에 코뮨을 건설한다는 생각은 불가능한 공상이 아니다. 최근 '자치'를 목표로 삼는 지역운동이 조금씩 확산되고 있는데, 이런 지역운동의 고민(삶의 결정권 되찾기)과 활동방식(직접행동), 목표(자치)

동료 철학자 미셸 푸코에게 "언젠가는 들뢰즈의 세기가 올 것이다"라는 찬사를 받았던 들뢰즈는 평생의 친구 가타리와 함께 '욕망에 기초한 정치학'을 구성했다. 숱한 논란에도 불구하고 수많은 이론가들과 실천가들에게 영감을 불어넣은 들뢰즈와 가타리의 사상은 21세기의 아나키즘을 재구성하는 데에도 여러 시사점을 주고 있다.

등은 모두 아나키즘과 많은 유사성을 가지고 있기 때문이다. 미국의 유태인/이탈리아인 공동체에서 살펴봤듯이, 아나키스트들은 지역 속으로 들어가 대중과 함께 하며 공동체를 건설하려는 노력을 결코 가볍게 보지 않았고, 가볍게 봐서도 안 될 것이다.

물론 고립된 지역이란 있을 수 없기에 이런 지역적 노력은 끊임없이 세계와의 연대를 고민해야 한다. "세계적으로 생각하고 지역적으로 행동하라"는 구호는 당위가 아니라 이미 운동의 필요로 제기되고 있다. 이주노동자들에 대한 한국 아나키스트들의 지원, 이라크전쟁에 반대하는 비전(非戰)운동 등은 그런 필요성을 드러낸 대표적 사례이다. 가령 2005년 6월 '아나키 평론지' 『흑색』을 발행한 한국의 청년(꼭 육체적인 나이를 의미하는 것은 아니다) 아나키스트들은 지역운동, 지역통화운동, 병역거부, "폭탄 대신 음식을!"이라는 주장을 내세우는 무료급식운동 '푸드 낫 밤'(Food Not Bombs) 등 다양한 운동들을 소개하며 한국사회에서 아나키즘운동의 새로운 가능성을 모색하고 있다.

이와 같은 여러 이론들과의 새로운 접속은 아나키즘의 근본적인 목표를 해치지 않으면서도 아나키즘이 그동안 놓쳐 왔던 새로운 과제를 고민케 해준다는 점에서 매우 유익하다. 그리고 호주의 정치학자이자 아나키스트인 사울 뉴먼은 『바쿠닌에서 라캉까지 : 반권위주의와 권력의 탈구』(2001)라는 저서를 통해 이런 접속의 성과물을 '포스트아나키즘'이라고 명명하기도 했다.

현실에서는 모순된 것들이 함께 공존하고, 아나키즘은 그런 모순된 현실에서 작동한다. "파괴의 충동은 창조적인 충동"이라는 바쿠닌의 얘기처럼, 파괴는 창조를 배경으로 할 때, 그리고 틀에 갇히지 않는 상상력과 창의력을 변화의 힘으로 전환시킬 때 제 의미를 찾을 수 있다. 무분별한 파괴는 공포만을 불러올 뿐이다. 물론 창조는 기득권과 집착을 과감하게 떨쳐낼 때 나타날 수 있다. 그렇다면 현재와의 '완전하고 절대적인 단절'을 외쳐야 할까? 그러나 완전한 단절을 위해 현실을 재단할 때, 우리는 시야에 잡히는 것들만으로 세상을 판단하며 스스로가 만든 틀 속에 갇혀 버릴지 모른다.

크로포트킨은 명성을 얻은 뒤에도 자신의 모든 주장은 토론에 열려 있고, 열려 있어야 한다고 항상 말해 왔다. "우리는 사회란 마땅히 이래야 한다는 이론으로부터 이상적인 공화국을 발전시켜야 한다고 주장하지 않았다. 오히려 노동자들에게 현존하는 사회악을 인식시키고 토론과 집회를 통해 지금보다 나은 사회의 모습은 어떠해야 하는가를 생각하도록 유도했다." 크로포트킨에게 "사상은 그 권위를 인정받을 때까지 일진일퇴를 거듭하며 자신의 길을 계속 걸어가는 것"이었다.

따라서 중요한 것은 단절보다 다수의 '실험'이다. 닫힌 현실에 균열을 내고 뒤흔들 수 있는 갖가지 지속적인 실험들, 엘리트가 아니라 대중이 진행하는 즐거운 실험들, 아나키즘은 책이 아니라 그런 실험들 속에서 생명력을 얻을 것이다. 그리고 바로 이런 의미에서 포스트아나키즘은 아나키즘에 새로운 전망을 열어주는 실험이 되어야 한다.

결론

'20 대 80의 사회'라는 말에 함축된 인류의 미래는 암울하다. 과학기술의 발달이 상위 20%의 사람만으로 전세계의 운영이 가능해지도록 만든 탓에 나머지 80%는 불필요한 잉여의 인간으로 전락하기 때문이다. 이대로라면 시간이 흐를수록 전세계의 부와 권력이 소수의 사람들에게 집중될 것이고 나머지 사람들은 저임금, 기아, 억압에 시달리다 삶을 마감하게 될 터이다.

더구나 기하급수적으로 늘어나는 전세계의 인구는 이와 같은 생존의 무한경쟁을 더욱더 빠르게 진행시킬 것이다. 만일 이기적인 개체(이기적 유전자)에 관한 주장을 받아들인다면, 80%의 자연도태는 피할 수 없는 자연의 섭리가 되고 만다. 우리가 꿈꿔 온 미래, 우리가 살고 싶은 미래는 정녕 이런 사회일까?

크로포트킨의 『상호부조론』은 우리에게 아주 독창적이고 새로운 과학이론을 제시하지 않는다. 다만 그것은 우리가 애써 외면해 왔던, 그러면서도 마음 한 구석에 몰래 남겨 뒀던 사람냄새 나는 공동체를 소환한다. 서로 돕고 보살피는 공동체, 자기결정과 자치가 존중되는 공동체, 필요에 따라 욕구를 충족시킬 수 있는 공동체, 차이를 억압하지 않고 다양성을 존중하는 공동체. 이런 공동체는 냉혹한 생존경쟁만이 존중되는 근대사회를 근본적으로 되돌아보게 한다.

『상호부조론』에 담긴 크로포트킨의 주장은 과거에 대한 은근한 향수를 담고 있는 듯하지만 단순히 과거로 돌아가자는 복고주의를 외치지 않는다. 오히려 크로포트킨은 우리 속에 잠재된 과거를 통해, 수천 년에 걸쳐 우리 속에 누적된 따뜻한 본성을 되살려 오랫동안 꿈꿔온 미래로 돌아가려 한다. 란다우어의 말처럼 그 미래는 "예전부터 존재하고 있었

1997년 느닷없이 불어닥친 외환위기의 찬바람으로 한국은 경제주권을 상실한 채 IMF 관리체제에 들어갔다. 이 위기는 이른바 '20 대 80의 사회'라는 유행어와 함께 우리 사회에 급격한 구조조정, 대량해고, 대량실업이라는 생채기를 남겼다(위 사진은 IMF 외환위기 직후인 1998년 서울역 대합실에서 새우잠을 자고 있는 노숙자들의 모습이다).

던 것, 국가와 공존하는 것, 파묻히고 버려져 있는 것을 현실화하고 재구성하는" 노력을 통해 실현될 수 있는 것이다.

그러나 안타깝게도 우리 현실에서는 이런 노력에서 가장 큰 역할을 맡아야 할 영역이 가장 왜곡되어 있다. 한국사회에서 교육의 장이야말로 냉혹한 생존경쟁의 규칙을 가장 완벽하게 구현하고 있는 영역임은 길게 설명하지 않아도 누구나 알고 있다. 매년 많은 아이들이 치열한 경쟁에 내몰리다 "행복은 성적순이 아니야"를 외치며 스스로 목숨을 끊는데도, 더 많은 아이들이 그 규칙에 상처를 받고 있는데도, 아이들 대부분이 그 경쟁 속에 자신을 잃고 냉정한 경쟁기계로 변해 가는데도, 우리는 너무나 자연스럽게 적자생존의 규칙을 받아들이고 있다.

사실 그 자연스러움의 뿌리는 아주 깊다. 여러 갈래로 나눠지는 그 뿌리를 쫓아 오랜 과거와 본성으로 돌아갈 수도 있겠지만, 나는 우리의 일그러진 근대에서 가장 큰 줄기를 본다. 서구 따라잡기에 대한 강요, 그것에 몰두했던 근대화와 일제 식민지 경험은 우리의 의식과 몸을 경쟁과 적자생존에 노출시켰고 길들였다. 그리고 학교는 상세하게 규정된 규율을 통해 개인이 충실히 사회의 논리를 받아들이도록 만들었다.

일제 식민지 시기의 보통학교 교육은 식민권력이 원하는 인간형으로 개인을 훈육하는 데 목적을 두고 있었다. 일제 치하의 보통학교와 규율의 관계를 추적한 연구(『근대주체와 식민지 규율권력』, 2003)에 따르면, '국민학교'라는 명칭에서부터 국민을 연성(鍊成)한다는 점이, 아동의 체력·감정·사상·의지 모두를 국가의 바람대로 만들려 했다는 점이 잘 드러난다. 교과목, 시간표, 생활기록부, 생활규칙 모두 이런 연성을 목표로 삼았다. 식민지 시기의 학교는 시키는 대로 복종할 때에만 살아남을 수 있다는 규율에 익숙한 병사를 길러내기 위한 훈련소였다.

안타깝게도 일제에 대항한 이들마저 이런 규율에서 자유롭지 않았다. 식민지 시기의 교육계몽운동은 사회진화론의 논리를, 열등한 요소를 배제하고 뛰어난 요소만 강화시켜야 한다는 우생학적 논리를 받아들였다. 그래서 식민지 시기의 한 지식인은 "강자는 절대요, 무상권위(無上權威)로다. 강즉신(强卽神)이요, 천하지창조자(天下之創造者)니 …… 정의나 인도도 강자 앞에서는 무가치하다"며 강자를 예찬했다. 또 다른 이는 "개인간에는 정의, 인도, 자유, 평등을 주장할 수 있어도 나라나 단체의 경우에는 실력이 없으면 하등의 이익을 얻을 수 없다. 요컨대 우리는 우선 실력양성에 노력하고 뒤에 정의, 인도를 고창해야 한다"고 외쳤다. 이런 논리는 적대적인 경쟁과 갈등을 피할 수 없었고 윤리적인 가치보다 실제적인 힘의 중요성을 강조했다(가령 이광수의 민족개조론은 엘

1930년대의 교련수업 시간을 찍은 이 사진은 일제 식민지 시기의 보통학교 교육이 얼마나 폭력적인지 잘 보여준다. 실전을 방불케 한 교련시간은 사회진화론이 주창한 논리("열등한 요소를 배제하고 뛰어난 요소만을 강화시켜야 한다")의 연장으로서, 지식인들의 머릿속에까지도 약육강식과 적자생존의 세계관을 암암리에 심어놓았다.

리트인 중추계급이 사회발전을 이끌어야 한다고 주장했다).

이처럼 식민지 시기에 형성된 의식은 노골적으로나 암묵적으로나 약육강식과 적자생존의 세계관을 받아들였다. 자연히 다른 민족은 동반자나 협력자가 아니라 나의 생존을 위해 이용하거나 꺾어야 할 경쟁자로만 인식됐다. 강자에 대한 굴종과 약자에 대한 억압이 생존의 상식으로 굳어졌다. 비록 우리의 본성을 평화로운 백의민족이라는 순수성으로 포장했지만, 그 속내는 강한 힘을 가질 때에만 그 본성을 지킬 수 있다는 자기모순을 품고 있었다. 이런 점에서 보자면 교육 역시 일종의 집단적인 생존전략으로 간주된 셈이다.

식민지에서 해방된 뒤에도 이런 자기모순은 해결되기는커녕 국가라는 또 다른 포장지로 덮었다. 남북의 분단과 한국전쟁은 민족에다 국가라는 요소를 추가시켜 경쟁속도를 더욱더 빠르게 만들었다. 이제는 같은 민족도 또 다른 경쟁자일 뿐이기에 살아남으려면 무조건 국가에 복종하고 지도에 따라야 했다. 외부와의 숨막히는 경쟁을 위해 언제나 내부의 단결이 강조됐고, 항상 단결의 중심은 국가였다. 자연히 민족주의, 국가주의, 집단주의라는 삼두체제가 한국사회를 지배하게 됐고 차이나 다른 목소리, 소수자는 배제해야 할 열등한 요소로, 감추거나 버려야 할 떨거지로만 여겨졌다. 교육은 강자를 숭배하고 경쟁만을 강요하는 인식을 바로잡기는커녕 그런 인식을 더 강화시켰다.

이런 인식은 '한강의 기적'을 이루기 위해 전 국민이 동원되던 시대에도 그대로 이어졌다. "체력은 국력"이라는 구호와 그것을 현실화하는 국민체조, "우리는 민족중흥의 역사적 사명을 띠고 이 땅에 태어났다"는 국민교육헌장의 암송은 우리의 몸과 마음을 계속 길들였다. 특히 힘을 가진 자만이 살아남고, 그 살아남은 자가 모든 것을 독차지할 수 있다는 폭력적인 논리는 교육현장에서 수많은 시험과 평가기준으로 구체화됐다. 교육의 역할은 개인의 '자기개발'이 아니라 국가나 민족이 필요로 하는 '자원'을 공급하는 것으로 변질됐다.

이는 교육인적자원부라는 노골적 명칭이 자연스럽게 받아들여지는 지금에도 그대로 적용된다. 입시지옥과 성적경쟁은 여전히 교육의 불문율로 자리잡고 있고, 그런 질서에 길들여지지 않는 사람들은 열등하거나 특이한 존재로 사회에서 배제되고 있다. 사회 전역이 하나의 경기장으로 변하고 사람들은 왜 뛰어야 하는지 묻지 않고 무조건 열심히 뛸 것만을 강요당하고 있다. 우리는 아직도 식민지 시대를 연상시키는 '~형 인간'이 미디어를 통해 강제되고 대중의 관심을 끄는 시대를 살

'무'(無)와 '부정'(否定)을 뜻하는 검은색 바탕에 '질서'(order)와 '아나키즘'(anarchism)의 머릿글자 O와 A가 겹쳐져 그려진 저 아나키즘 깃발은 강제나 억압, 지도자 없이도 스스로 존재하는 질서야말로 아나키즘의 이상이라는 점을 잘 보여준다. 그러나 그 무엇보다도, 아나키즘은 펄럭이는 저 깃발처럼 '자유' 그 자체이다.

고 있지 않은가? 국민학교가 초등학교로 이름만 바뀌었을 뿐 우리의 교육은 아직도 식민지 시대를 벗어나지 못하고 있는 셈이다.

이런 사회에 살고 있기에 우리는 많이 배울수록 이기적이고 공격적으로 변하는, 그리고 이기적 유전자를 바탕으로 '자기들만의 이타성'을 발휘하는 특이한 사람들을 목격하게 된다. 배웠다는 사람들일수록 국익이나 집단의 이익을 위해서라면 부정한 방법을 서슴지 않고 사용하는 일도 목격된다. 사회 전체를 고민하고 보살펴야 할 위치에 있는 사람들이 경쟁력을 외치며 특정한 기득권 세력을 비호하는 현상도 목격된다. 이처럼 우리는 현실의 문제점을 현실을 빌미로 덮어 버리려는 기이한 사회에 살고 있다. 우리 사회는 정녕 진보하고 있는 것일까?

새로운 과학기술이 등장할 때마다 우리는 사회가 발전하고 있다는 착각에 빠지곤 한다. 그러나 사회의 발전은 특정한 사람들을 위한 과학기술이 아니라 전세계 인류를 위한 과학기술을 통해서만 가능하다. 즉, 발전은 그 과학기술이 국익이나 특정 집단의 이익이 아니라 인류의 공동유산일 때에만 가능하다. 하지만 경쟁만을 강조하는 논리는 그런 가능성을 가로막는다.

경쟁만이 아니라 보살핌도 이뤄지는 공동체는 우리가 갖고 있던 것을 이타적인 마음으로 모두 내놓으라고 강요하지 않는다. 우리가 애초에 갖고 있던 것은 우리 '만의' 것이 아니라 우리 '모두의' 것이기 때문이다. 그럴 때 우리는 20%의 소수만이 아니라 80%의 다수도 행복을 누릴 수 있다는 점을, 그것이 진정 진보라는 점을 받아들이게 된다. 맹목적인 헌신이나 이기적인 경쟁을 넘어서 자치와 자율의 문을 열 때 진보는 가능하다. 크로포트킨의 『상호부조론』은 복잡하게 이론을 설명하지 않고 그런 단순한 깨달음을 준다.

당신은 지금의 현실에서 행복을 느끼는가? 만일 그렇지 않다면 무엇을 할 것인가? 변화를 위해 어떤 직접행동을 할 것인가? 이런 물음이 우리의 마음속에서 사라지지 않는 한 크로포트킨의 아나키즘은 가지 않은 또 다른 길로서 우리를 계속 유혹할 것이다. 서로 돕고 보살피는 공동체는 결코 불가능하지 않다. 무한경쟁에 길들여진 우리의 몸과 마음이 계속 망설이고 있을 뿐이다.

부록

# 상호부조론에 대해 더 알고 싶다면

## 크로포트킨에 대해 더 읽을 만한 책

표트르 크로포트킨, 김영범 옮김, 『만물은 서로 돕는다』, 르네상스, 2005.
만물이 서로 보살핀다는 점을 역설하는 『상호부조론』의 한국어판 완역본이다.
번역을 현대어로 다듬은 덕택에 하기락이 번역해 출판한 『상호부조론』(형설출
판사, 1993)보다 쉽게 읽힌다.

표트르 크로포트킨, 김유곤 옮김, 『크로포트킨 자서전』, 우물이 있는 집, 2003.
크로포트킨의 자서전 『어느 혁명가의 회고』의 한국어판. 부와 명예를 보장받은
귀족으로 태어나 세계적 혁명가로 거듭나기까지 크로포트킨의 고민이 배어 있
는 책이다. 성아우구스티누스의 『참회록』, 루소의 『고백록』, 괴테의 『시와 진
실』, 안데르센의 『내 생애의 이야기』와 함께 세계 5대 자서전으로 꼽힌다.

## 아나키즘의 역사와 전망

구승회 외, 『한국 아나키즘 100년』, 이학사, 2004.
여러 학자들이 공동으로 아나키즘의 이론적 등장과 동아시아의 아나키즘, 한국
의 아나키즘을 집필했다. 그러나 기존에 발표된 연구성과들과 구별될 만한 참
신한 내용을 담고 있지 않아 허전함을 남긴다.

장 프레포지에, 이소회·이지선·김지은 옮김, 『아나키즘의 역사』, 이룸, 2003.
프랑스의 철학사가인 프레포지에는 이 책에서 아나키즘의 역사적 기원과 함께
대표적인 사상가들인 프루동, 바쿠닌, 크로포트킨, 톨스토이 등을 다룬다. 또한
이 책에서는 과거의 아나키즘과 현대사상과의 연결고리, 특히 폭력과 아나키즘
이라는 흥미로운 주제 역시 다뤄지고 있다.

이호룡, 『한국의 아나키즘 : 사상편』, 지식산업사, 2001.

한국 아나키즘의 사상적 배경부터 수용과정, 해방 이후의 활동까지를 잘 정리
한 책이다. 한국사회를 지배해 왔던 민족주의와 사회주의를 벗어난 제3의 길로
서 아나키즘을 주목하지만 그 한계 역시 짚어내고 있다.

조세현, 『동아시아 아나키즘, 그 반역의 역사』, 책세상, 2001.

동아시아, 특히 한중일 삼국에서 아나키즘운동이 어떻게 전개됐는지 자세하게
설명한 책이다. 고토쿠 슈스이, 리스쩡, 스푸, 신채호, 김원봉 등 익숙한 이름의
아나키스트들이 어떤 활동을 펼쳤는지 엿볼 수 있다.

오장환, 『한국 아나키즘운동사 연구』, 국학자료원, 1998.

한국사회 내에서 아나키즘운동이 어떻게 전개됐고 발전했는지를 다룬다. 지은
이는 광복 이전의 아나키즘운동을 바쿠닌적·투쟁적 아나키즘운동으로, 광복
이후의 아나키즘운동을 크로포트킨적·건설적 운동으로 규정한다. 한국 아나키
즘운동사에 대한 초기 저술로서 가치를 가진다.


## 가볼 만한 사이트

http://dopehead.net/anarclan/

아나클랜은 젊은 한국 아나키스트들의 모임터이자 다른 아나키즘 웹사이트로
연결되는 통로이기도 하다. 이주노동자들을 지원하는 '투쟁과 밥', 대안달거리
를 통해 대안적 가치를 주장하는 피자매연대 등의 단체들과 만날 수 있다.

http://www.anarchism.net/

아나키즘 웹사이트로 각종 글뿐만 아니라 영문으로 번역된 바쿠닌과 크로포트
킨의 책도 대부분 찾아볼 수 있다. 그리고 진행중인 포럼을 볼 수 있고 직접 포
럼을 구성할 수도 있다.

http://jayul.net/index.php

아나키즘과 비슷한 방향성을 지닌 한국의 자율주의자들이 발행하는 온라인 잡
지 『자율평론』의 웹사이트. 6호에서는 아나키즘을 특집으로 다루기도 했다.

# 찾아보기